# Soyons moins lait

avec de nombreuses recettes

Le catalogue des ouvrages publiés par **terre vivante** est disponible sur simple demande chez l'éditeur :
**terre vivante**, Domaine de Raud, BP 20, 38710 Mens.
Tél. 04 76 34 80 80.

Nicolas Le Berre
Hervé Queinnec

# Soyons moins lait

## avec de nombreuses recettes

terre vivante

**Les auteurs :**
Nicolas Le Berre, médecin homéopathe et acupuncteur,
est passionné de diététique et auteur du livre *Le Lait une sacrée vacherie ?*,
paru aux éditions Equilibres Aujourd'hui en 1991.
Hervé Queinnec, cuisinier professionnel, titulaire d'un Brevet de maîtrise,
est formateur cuisine spécialisé en produits biologiques.


ISBN : 2-904082-83-2

Couverture : Antonin Louchard
Conception, réalisation : Béatrice Gauge

*A Michèle, Leslie et Célia*
*Aux amoureux de la bonne santé, la plus merveilleuse des gourmandises*
*À tous ceux qui cherchent à en retrouver la saveur*

Nous remercions du fond du cœur pour leur aide et leurs encouragements dans la réalisation de cet ouvrage :

– ceux qui ont partagé les résultats d'une expérience rigoureuse de suppression,

– ceux qui ont goûté et testé les recettes,

– ceux qui nous ont fourni des informations et des réflexions amicales, des critiques constructives, tout particulièrement Bruno Ansquer, Claude Aubert, Yves de Saint Cyr, Michèle Huitric, monsieur et madame Le Tenneur, Jean-Marie Lorand, Odile Peneau et Jean-Pierre Rimsky-Korsakoff.

# Sommaire

# Introduction

Ce livre est né à la demande de nombreux patients, loin de tout fanatisme diététique partisan.

Depuis une quinzaine d'années maintenant, je conseille régulièrement à des patients, pour des cas précis, de supprimer le lait et ses dérivés, au moins pour un temps, à titre d'expérience. Certains s'en sortent très bien et ne rencontrent pas de réelles difficultés : pour eux c'est simple et ce livre est presque superflu. Ils y trouveront au plus quelques recettes-plaisir ou quelques « trucs » pratiques. Beaucoup par contre se sentent perdus, et tellement désappointés qu'ils ne savent plus que manger, comment remplacer les délices perdus et trouver le sacro-saint calcium. Sous ce dernier alibi se cachent souvent les difficultés à se jeter à l'eau, à rompre avec ses habitudes, à abandonner ses petits plaisirs, sans être sûr de la récompense... Pour eux, c'est difficile. De même ce n'est pas simple pour la mère, un peu paniquée à l'idée de supprimer le lait à ses enfants : « Mais qu'est-ce que je vais leur donner ? et leur calcium ? »

D'autres se sentent atteints dans leur existence même : « Ha ! Docteur, si vous m'enlevez ça, qu'est-ce qui me reste ? Que vais-je devenir ? » Le chemin, il est vrai, n'est pas forcément facile, c'est parfois un sentier un peu abrupt, et une aide, comme une main tendue, peut rendre service et permettre de passer un cap difficile. Ce livre voudrait être cette main tendue, une main chaleureuse qui donne confiance et permet à chacun de faire son expérience afin de mieux reprendre sa route, la sienne, car nous avons chacun la nôtre.

Il m'a donc semblé utile de donner quelques conseils de cuisine. Lorsque je laisse mon stéthoscope pour mon tablier de cuisinier, les plats proposés sont simples, afin de réapprendre les saveurs délicieuses offertes par la nature et de retrouver les joies d'une cuisine non sophistiquée. Au-delà du plaisir qu'elle procure, cette cuisine fait naître une merveilleuse sensation d'être plus vivant, plus présent. Néanmoins, pour cet ouvrage, l'association avec un cuisinier professionnel a vite semblé indispensable.

La partie théorique de cet ouvrage constituait, au départ, uniquement une introduction aux recettes. Mais elle s'est étoffée peu à peu, car, depuis quelques années, de nombreux faits concernant les produits laitiers ont été mieux mis en évidence et mieux expliqués, même s'ils sont toujours soigneusement cachés. Des arguments nouveaux émergent de divers horizons et, plutôt que de les reprendre à notre compte, nous avons préféré les citer en bibliographie, permettant à chacun d'y trouver des informations plus détaillées et documentées. Tous les articles récents cités sont consultables sur le Web *via* Internet, c'est simple, rapide, et cela permet de bien se rendre compte qu'il s'agit d'articles sérieux pris parmi beaucoup d'autres. La façon dont nous mangeons ne doit pas être un objet de savoir, mais un moyen de connaissance. L'important est de faire l'expérience et surtout de comprendre qu'en diététique, le point de repère le plus important est la sensation, qui passe forcément par l'expérimentation. C'est l'aspect merveilleux de la diététique : on peut soi-même vérifier dans son corps ce qui se passe. Il faut et il suffit d'écouter, d'être réceptif, sensible et rigoureux au moins un temps. Si un auteur vous dit de manger beaucoup de laitages, un autre l'inverse, ne dites pas « On n'y comprend rien, ils se contredisent tous ». Ne tirez pas non plus à pile ou face. Écouter les arguments et y réfléchir est déjà une meilleure voie d'approche, mais cela ne vous donnera en aucun cas la solution, ni en général ni encore moins pour vous personnellement, car nous ne sommes pas tous bâtis sur le même modèle. La seule façon d'avoir vraiment une réponse, c'est d'essayer en écoutant et en regardant : alors votre réponse jaillira ; encore pourra-t-elle évoluer dans le temps, et il vous faudra donc rester à l'écoute pour adapter dans la durée. L'écoute de ses sensations corporelles est bien le chemin de la liberté, le moyen d'abolir toute frustration ou culpabilité, si souvent présentes dans les comportements alimentaires de type « régime ».

**Surtout ne faites pas de régime ! Faites des expériences !**

À la lueur de ces expériences, simplement, mangez ce qui permet le mieux à la Vie de jaillir en vous. C'est aussi simple que cela. Il n'y a plus de faute, de culpabilité, mais au plus des erreurs, parfois voulues d'ailleurs (pour faire plaisir à quelqu'un, pour passer inaperçu, par curiosité, par gourmandise...) et vite corrigées par le mouvement de la Vie, pourvu que ces erreurs ne deviennent pas des habitudes.

Côté cuisine, nous avons travaillé trois grands axes de recettes :

• Mettre au point, avec des ingrédients nouveaux, les plus sains possible et excluant bien sûr tout produit laitier, les recettes classiques de la gastronomie française. Ces plats font partie de notre culture, de nos racines, de nos souvenirs, ils ont presque une valeur symbolique. Pourquoi s'en priver ? Pourquoi cultiver le sentiment qu'ils appartiennent à un paradis perdu ? Hervé a réussi avec son savoir-faire et de la patience à les mettre au point... avec une balance, et il vous en faudra une parfois, au moins au début.

• D'autres plats ne comportent normalement pas de produits laitiers, mais procurent des plaisirs analogues, par leurs saveurs, leurs couleurs, leur consistance... ils permettent donc d'oublier les produits laitiers car notre palais est satisfait, notre corps est content.

• Enfin, certaines recettes sont là car particulièrement riches en calcium. Cela calmera les plus anxieux, mais surtout vous permettra de rencontrer des produits inhabituels comme les algues ou le sésame et de remettre en valeur certains végétaux, comme le chou en particulier.

Il nous a également paru indispensable d'aborder des sujets qui suscitent des inquiétudes et peuvent créer de réelles difficultés aux parents confrontés avec le problème de la suppression des produits laitiers. D'abord, l'alimentation du jeune enfant jusqu'à deux ans, sujet extrêmement délicat nécessitant beaucoup de prudence et d'attention. Ensuite, les petits-déjeuners et goûters, repas très souvent fantaisistes, non pensés, asservis à l'habitude et fortement lactés, riches en calories vides.

PREMIÈRE PARTIE

# Pourquoi être moins lait

# La marée blanche ou l'omniprésence des laitages

Dans les beaux petits champs entourés de talus aux arbres sympathiques, les vaches d'antan contemplaient la nature et vivaient pendant une vingtaine d'années, produisant entre 2000 et 2500 litres de lait par an.

Actuellement, les « progrès techniques » ont permis de sélectionner des vaches qui vivent en moyenne quatre à cinq ans pour produire 6000 à 8000 litres de lait annuellement. C'est une moyenne, car les plus « performantes » arrivent à 10000-12000 litres ; alors on les décore... ce qui ne les console pas d'avoir mal vécu et reçu une alimentation anormale qui les a rendues souvent cirrhotiques. Savez-vous qu'une vache nourrie à l'ensilage de maïs consommerait en alcool l'équivalent d'une bouteille de whisky par jour ?

Fait historique sans précédent, tout comme la quantité de lait (sous toutes ses formes) consommée par les Occidentaux en cette fin de siècle.

## Et si les vaches faisaient grève ?

Imaginons un instant que, lasses d'être surexploitées, meurtries d'être de plus en plus éloignées de la nature et soumises à une alimentation et à une surmédicalisation orientée vers une surproduction sans limites, au détriment de leur santé et de leur espérance de vie, trop stressées, les vaches, à défaut de devenir folles, cessent de produire du lait... leur lactation s'arrête, elles n'en peuvent plus !

Panique dans les assiettes !

Les humains désappointés découvrent à quel point ils sont devenus dépendants.

Plus de lait aromatisé ou non, écrémé ou non, en pack ou en poudre, les tubes de lait concentré ou non disparaissent aussi peu à peu, de nombreuses recettes de cuisine s'avèrent infaisables... ou tristes.

Les yaourts disparaissent et créent un grand vide, qui ne peut être comblé ni par les flans, ni par les entremets chocolatés ou les cafés liégeois, ni même tout simplement par du fromage blanc.

Les beaux plateaux de fromage variés et chaleureux ne sont plus là, les gratins non plus.

Sans beurre, le pain devient triste, les produits de la mer sont délaissés, les escargots pullulent.

Sans crème, la soupe devient rugueuse, les gâteaux perdent leur panache. D'innombrables produits deviennent introuvables ou peu attrayants ; bien sûr beaucoup de gâteaux, de biscuits, mais aussi les crêpes, les brioches, les viennoiseries, les croissants du petit-déjeuner... les rayons de confiserie s'appauvrissent, les glaces sont réduites aux sorbets... le chocolat devient amer, même très amer. On découvre à quel point de nombreux produits contiennent de la poudre de lait.

Les mères et les médecins ne savent plus nourrir les tout jeunes enfants...

Mais peu à peu, les comportements évoluent, la créativité et l'ingéniosité humaine reprennent le dessus, les cuisiniers réinventent de nouvelles recettes et les assiettes redeviennent souriantes.

Les médecins sont même moins pressés, car les consultants sont bien moins nombreux. Toutes les mamans se remettent à allaiter.

Après une période de choc, la vie reprend le dessus avec ses plaisirs et ses joies, mais quel bouleversement !

## Un aliment qui ne manque pas d'arguments

Qu'est ce qui est bon, pratique et pas cher ? Un laitage, bien sûr !

Fromage pour les amateurs de sel, dessert lacté pour les « lichous » sucrés, les deux à la suite pour les plus goulus !

Un succès a toujours ses raisons. Dans une société très technique, où la chaîne du froid est bien maîtrisée jusqu'à l'intérieur de toutes les maisons (même les caravanes...), les produits laitiers sont facilement stockés. Accessibles à tous moments, ils font gagner beaucoup de temps aux maîtresses de maison de moins en moins disponibles pour la cuisine, ils font de l'œil à toute heure du jour et de la nuit au petit creux d'estomac ou simplement sont complices d'un plaisir gourmand, le tout à bon prix. Curieusement, le réfrigérateur, cet endroit glacé et sans âme, est devenu un lieu magique des maisons modernes. Son chant monotone et son air glacial et aseptisé ont remplacé les douces odeurs des celliers et des buffets en bois. Pleins, ils traduisent le dynamisme de la maison, ils refroidissent les intestins, mais pas les cœurs. Vides, ils sont encore plus froids et désolent ceux qui les ouvrent.

Investis d'une valeur symbolique très forte, les produits laitiers nous relient inconsciemment à la mère qui nous a porté et peut-être nourri, à la fécondité et la générosité de cette terre nourricière qui nous porte actuellement. Leur blancheur, symbole de pureté immaculée, en témoigne d'ailleurs comme une aube de communiant ou une robe de mariée, et leur permet d'échapper à toute critique.

Leur douceur gustative en rajoute encore, souvent accentuée par un peu de sucre. Ils sont souvent là pour nous consoler, compenser une souffrance affective, calmer un chagrin, étancher ou étouffer une soif d'autre chose. Dans l'Ancien Testament déjà, le peuple marchait vers le pays où s'écoulent le lait et le miel, symboles de la Terre promise. Pour ceux qui grignotent salé, le petit bout de fromage est toujours prêt, pour ceux qui préfèrent l'acide, la bouteille de lait ribot ou le yaourt ne demandent qu'à s'offrir immédiatement...

> **Le lait est toujours cité comme l'aliment complet par excellence, ce qui est parfaitement vrai pour le nourrisson qui tète sa mère, ou le veau une vache, mais faux dans tous les autres cas.**

Néanmoins, le lait jouit d'une image de marque inégalable en diététique. À tel point que le terme «lait» est devenu un nom générique permettant de vendre des produits très différents, bénéficiant tous de la même image positive : lait de soja, de riz, d'avoine. Ne dit-on pas aussi que le vin est le lait du vieillard ? Boire du petit lait exprime un sentiment de vive satisfaction… avant, on gagnait son pain, maintenant, on fait son beurre. En cosmétologie, l'appellation de « lait » évoque tout de suite une idée de bien-être et de bienfait pour la peau.

Comment s'étonner alors de voir les mamans inciter, voire forcer leurs enfants à consommer des produits laitiers, et ne jamais penser que ceux-ci pourraient être à l'origine de troubles de santé ? Comment s'étonner de la force de cette idée aussi puissante que fausse : la consommation de laitages est indispensable, la non-consommation est forcément source de problèmes de santé ?

Les industriels, eux, ne trouvent rien de mieux que d'utiliser ce support pour faire des produits dits « de croissance » (cela fait en tout cas croître chiffre d'affaires et plus-values), enrichis en minéraux. Or, voici un fait curieux observé dans le monde végétal : les plantes poussant dans une terre trop riche en calcium sont souvent atteintes de chlorose, c'est-à-dire qu'elles n'arrivent pas à assimiler le fer ; en diététique, certaines études confirment le même phénomène. Et actuellement, malgré une alimentation pléthorique, la carence en fer est un réel problème de santé publique. Chez les femmes en période d'activité génitale (régulièrement réglées), la raison peut paraître évidente, elle l'est beaucoup moins chez les enfants qui consomment pourtant des produits animaux (viande, poisson) et beaucoup de laitages. L'exemple des plantes interpelle, et se servir du lait, naturellement pauvre en fer, pour une supplémentation, semble quelque peu paradoxal. De plus, le lait est connu pour sa tendance à entraîner des hémorragies qui passent inaperçues sur un intestin irrité.

Face à tous les arguments en faveur du lait, comment garder l'esprit critique ? D'autant que, très habilement, le secteur marketing de l'agroalimentaire utilise ces arguments. Comme un chef d'orchestre, il relie à merveille toutes les partitions pour faire une sorte de symphonie concertante lactée, où les solistes sont tantôt les fromages, tantôt les yaourts, tantôt les crèmes lactées… sur un fond de calcium-santé, de silhouette élancée, de sympathiques grands-mères ou de sourires d'enfants. Cette symphonie pénètre toutes les maisons par d'incessantes publicités télévisées ou écrites, relayées par la plupart des médecins, diététiciens, instituteurs et professeurs de biologie, clamant comme les chœurs d'une opérette :

« Buvez du lait à satiété
Buvez du lait autant qu'il vous plaît
Mangez des laitages quel que soit votre âge ! »

Sans avoir vraiment pris le temps d'observer, de réfléchir et d'expérimenter, d'aller au-delà d'une diététique se résumant à des chiffres d'apport.

Mais pourquoi douter ?

Pourquoi essayer autre chose ?

# Le lait dans la nature

Le lait apparaît sur terre avec les mammifères et son usage est extrêmement précis et codifié : c'est un aliment unique, utilisé en monodiète ; il est directement tété, donc frais et tiède ; il en est ainsi jusqu'à la période de sevrage.

Le régime est ensuite mixte pendant un temps, puis le jeune animal cesse de boire du lait et adopte le mode alimentaire de son espèce. La lactation de la mère se tarit jusqu'à la prochaine portée, il n'y a plus de lait. Ce schéma est le même pour tous les mammifères, y compris l'espèce humaine.

L'entretien artificiel de la lactation par la traite est un exemple de notre ingéniosité. Nous n'allons pas refuser systématiquement toutes nos inventions, mais il importe d'en voir le caractère artificiel, de saisir que, manifestement, la vie est prévue sans produits laitiers après le sevrage. Donc, si nous décidons d'en consommer, rentrons dans une étude des avantages et des inconvénients et n'en consommons pas déraisonnablement en étant profondément persuadés, sans aucune vérification, qu'ils sont indispensables. Soyons bien conscients que le niveau de consommation actuel est d'une part récent, d'autre part très élevé.

## Le lait n'est-il qu'un aliment ?

Bien plus qu'un aliment, le lait est un projet, ou plus exactement l'outil, le vecteur d'un projet. La femelle mammifère sécrète un lait dont la composition est exactement adaptée à une perspective de vie, d'où l'extrême diversité des laits. Mais ce projet n'est pas simplement nutritionnel. Il comporte d'autres aspects tout aussi importants :

immunitaire, hormonal, comportemental (acquisition de fonctionnalités et de systèmes relationnels spécifiques – par exemple se mettre debout et parler pour le petit homme).

Prenons une comparaison simple : la construction d'une maison. Les molécules du lait sont comme les différents matériaux que l'on assemble, mais certaines participent de plus à des systèmes de sécurité, des créations d'ambiance, et dans une certaine mesure à l'exécution des plans. Le résultat final peut être très différent, de la chaumière bretonne au mas provençal, de l'isba russe à la maison arabe ou mexicaine. Ces différents types d'habitats reflètent une adaptation au climat, aux contraintes locales et aux orientations culturelles. Les différents laits sont aussi diversifiés que ces modèles architecturaux, bien que se présentant tous sous forme d'un liquide blanc que nous avons totalement banalisé. Ils représentent eux aussi une sorte d'adaptation à des contraintes environnementales et à un projet de vie. La composition des laits n'est pas liée au hasard, mais subordonnée à une finalité.

## Le lait maternel à nul autre pareil

Le lait maternel a des spécificités bien particulières. Avec le petit homme, la nature ne paraît pas très pressée, ni de le faire grandir – le développement est lent – ni de le rendre autonome très tôt. Les nouvelles fonctions inaugurées par notre espèce semblent prioritaires, elles nécessitent une maturation neurologique nouvelle pour l'acquisition de la station verticale, du langage, d'un nouveau stade évolutif de pensée et de relation avec soi-même, les autres et l'univers.

Au service et à tous les niveaux de ce projet, le lait de femme est bien sûr unique en son genre. D'ailleurs, il en est ainsi pour chaque espèce : chaque lait est unique et donc non interchangeable, du moins si l'on veut respecter les propositions de la nature.

Envisagé sous l'angle alimentaire, le lait de femme présente une composition spécifique qui devrait nous interpeller davantage pour notre alimentation de tous les jours :

| Pour 100 grammes | Lait de femme | Lait de vache | Lait de chèvre | Lait de brebis |
|---|---|---|---|---|
| Calories | 70 | 64 | 71 | 107 |
| Protéines | 1,03 g | 3,2 g | 3,6 g | 5,6 g |
| dont caséines | 0,37 g | 2,49 g | 2,8 g | - |
| Immunoglobulines | 0,6 g | Traces | - | - |
| Glucides | 6 à 7 g | 4,6 g | 4,8 g | 4,4 g |
| dont lactose | 80 % | 98 % | - | – |
| Lipides | 4,4 g | 3,7 g | 4,2 g | 6,4 g |
| Acide linoléique | 350 mg | 95 mg | - | - |
| Acide alpha-linolénique | 25 mg | 2 à 3 mg | - | - |
| Acide gamma-linolénique | Présent | Absent | Absent | Absent |
| Cholestérol | 13,9 mg | 11 mg | - | - |
| Calcium | 35 mg | 133 mg | 129 mg | 190 mg |
| Phosphore | 14 mg | 88 mg | 103 mg | 150 mg |
| Vitamine E | 0,23 mg | 0,06 mg | | |
| Vitamine C | 5 mg | 1 mg | 2 mg | 4 mg |
| Vitamine A | 330 UI | 140 UI | 120 UI | 200 UI |
| Lysozyme | 39 mg | 0,01 mg | - | - |

## Pauvre en protéines et riche en matières grasses

Le lait maternel contient peu de protéines (environ 10-11 g par litre pour 33 g en moyenne pour la vache, 56 g pour la brebis, 160 g pour la baleine). Le taux global de protéines d'un lait est en rapport avec la rapidité de croissance du petit : plus vite ce dernier double son poids de naissance, plus le lait est riche en protéines. Ce taux est globalement corrélé, pour d'évidentes raisons de construction, avec le taux de calcium nécessaire à la croissance osseuse.

Si l'on rentre plus avant dans l'étude des protéines, les différences sont encore plus considérables : le lait de femme contient peu de caséine et beaucoup de protéines solubles, de multiples protéines immunocompétentes ou immunomodulantes, des nucléotides et des peptides dont le rôle ne nous est pas toujours connu. L'analyse détaillée des aminoacides constitutifs du lait de femme est riche d'enseignement : son profil protéique – sa teneur en les différents acides aminés le constituant – est très différent de celui du lait de vache (voir Annexe p. 249). Notons tout de suite la pauvreté relative du lait de femme en méthionine et en lysine, dont nous verrons ultérieurement l'incidence dans les affections cardiovasculaires. Même si le rôle de nombreuses protéines n'est pas encore bien élucidé, le constat de la spécificité protéique de chaque lait est bien établi et les conséquences de cette spécificité sont aussi scientifiquement de mieux en mieux établies.

Le lait est par ailleurs un aliment sucré, le lait de femme encore plus que les autres. Mais retenons encore la leçon : le lactose (le sucre du lait) est un sucre à index glycémique (voir Annexe p. 249) peu élevé et à pouvoir sucrant faible. En clair, il n'a rien à voir avec ce que l'on nomme sucre ou sucrerie dans la vie courante, il se rapproche dans son comportement du sucre des céréales complètes (les céréales raffinées, elles, ont un mauvais index glycémique). Sa digestion nécessite une enzyme, la lactase, qui scinde le lactose en ses deux constituants, glucose et galactose, pour leur permettre d'être assimilé. Cette enzyme diminue chez la plupart d'entre nous à partir de deux ans, d'où tous les problèmes digestifs dus aux produits laitiers. Dans le lait de femme, environs 20 % des sucres sont représentés par des glucides plus complexes, de type oligosaccharides, qui jouent à la fois un rôle au niveau de l'écosystème intestinal, dans la défense immunitaire et la maturation neurologique. Ces glucides, globalement appelés gynolactose, ne sont présents que dans le lait de femme.

Le lait maternel, enfin, est un aliment gras. Là encore, les qualités et les quantités des acides gras constitutifs sont très variables d'une espèce à l'autre. Le lait maternel paraît certes bien maigre à côté du lait de baleine avec ses 400-500 grammes de lipides par litre, en grande partie mono- et polyinsaturés ! Mais le baleineau doit faire face à d'autres contraintes. Curieusement, la constitution du lait de baleine est très proche de l'alimentation traditionnelle des Esquimaux, comportant beaucoup de protéines et de graisses, et très peu de sucre. Les graisses du lait maternel renferment beaucoup d'acides gras mono-insaturés (acide oléique comme dans l'huile d'olive) et polyinsaturés « cis » (dont l'acide alpha-linolénique) mais nettement moins d'acides gras saturés que les laits animaux terrestres. Le lait de femme ne contient aucun acide gras «trans» (voir Annexe p. 249). Il est aussi riche en cholestérol. Notons entre autres la présence d'acide gamma-linolénique, absent du lait de vache; cela explique dans certains eczémas l'apport bénéfique de l'huile de bourrache ou d'onagre. Retenons surtout la nécessité de bonnes graisses pour le développement neurologique. La chasse actuelle aux lipides, totalement déformée par la peur du cholestérol, apparaît être une belle erreur au vu de la composition du lait maternel. Il est maintenant bien établi que l'élévation du cholestérol est liée à la consommation d'acides gras saturés, d'acides gras trans, de sucres rapides et d'un apport insuffisant en micronutriments et en substances végétales probiotiques. La composition du lait maternel devrait là aussi nous interpeller et guider nos choix alimentaires, en tenant compte bien sûr du fait que les besoins de l'adulte ne sont pas ceux du nourrisson.

## Pauvre en calcium et riche en vitamines

En matière de minéraux et de vitamines, on constate également de grandes différences entre le lait de femme et les autres laits.

Ce tableau donne aussi un éclairage particulier sur le calcium, dont l'apport est aussi modeste que celui de protéines: quatre fois moins que dans le lait de vache!

De même, le zinc est beaucoup moins représenté dans le lait de femme, ce qui est logique puisqu'il aide à construire de la masse.

Le taux de fer du lait de femme est à peu près identique à celui du lait de vache, mais il est porté par une protéine (la lactoferrine) totalement absente chez le ruminant. Cela explique la bonne assimilation du fer par un bébé nourri avec du lait de femme et la fréquence des carences en fer avec le lait de vache ou les laits maternisés.

Les vitamines anti-oxydantes (A, C, E) sont cinq fois plus abondantes dans le lait de femme que dans celui de vache.

Enfin, pour finir d'admirer le lait aliment, soyons bien conscients que sa composition varie en fonction des besoins du petit. Le colostrum est bien sûr très différent du lait et semble avoir un rôle immunitaire important.

En cas de prématurité, le lait n'a pas la même composition que si l'enfant naît à terme. Des adaptations ont aussi lieu au fil des mois, et même au cours des tétées : le lait est plus gras vers la fin, pour donner la sensation de satiété. N'oublions pas non plus que l'allaitement permet au petit une initiation aux différentes saveurs de la vie, car le lait n'a pas le même goût suivant l'alimentation maternelle. Fabuleux !

## Un aliment idéal, sous réserve...

Il y a toutefois deux zones d'ombre possibles à ce tableau :

• **L'alimentation de la maman :** l'organisme ne peut pas tout synthétiser, en particulier les acides gras, les vitamines, et les micronutriments dont on observe de nombreuses subcarences dans nos sociétés. Autant il n'est pas utile que la maman se gave de produits laitiers (nous y reviendrons), autant il est indispensable qu'elle veille à ingérer de bons sucres et de bonnes graisses, ainsi que des végétaux en abondance.

• **La seconde zone d'ombre est plus inquiétante.** Il a été prouvé que le lait maternel contient beaucoup plus de pesticides et de polluants industriels que le lait de vache. Nous touchons là une question de première importance, d'autant plus intéressante qu'il existe une solution. L'agriculture moderne (mais aussi presque tous les jardiniers du dimanche !) déverse sur la terre des pesticides qui polluent progressivement le monde minéral et végétal. Quand nous mangeons et respirons, nous en absorbons, et le corps les stocke particulièrement dans les tissus adipeux, dont la glande mammaire. Toutes les femelles mammifères sont atteintes. Le fait de « manger bio » limite les dégâts, mais incomplètement car nous ne vivons pas en vase clos et ce qui est déversé à un endroit voyage : la vie est mouvement. Le lait étant un corps gras, il véhicule un grand nombre de ces produits. La vache est traite régulièrement, et donc ces produits sont éliminés en petites quantités régulières, si bien que l'analyse d'un échantillon à un moment donné donne un taux modeste. À l'inverse, il se trouve que la femme ne mobilise que rarement ses graisses en réserve pour produire du lait, d'où une concentration instantanée logiquement plus importante. Il est reconnu que l'allaitement est un facteur protecteur contre le cancer du sein : les femmes qui allaitent ont moins de cancer du sein que celles qui n'allaitent pas. L'explication la plus probable est que de nombreux pesticides ont en effet une action œstrogénique et favorisent d'autant ce cancer qu'ils sont xénobiotiques (étrangers à la physiologie normale de l'organisme). Or, le fait d'allaiter libère le tissu mammaire de ces substances et donc de leurs effets sur la cancérogenèse.

La solution consiste donc à changer les graisses de la glande mammaire avant l'allaitement pour ne pas en communiquer au petit : il semble logique de préconiser quelques périodes de jeûnes ou de mono-diètes pour larguer les polluants des graisses avant un allaitement. Ce type de pratique doit aussi logiquement prévenir le cancer du sein. C'est simple et ça marche ! ça ne coûte rien mais demande un petit effort personnel... toutes les conditions sont donc réunies... pour que cette technique ne se développe pas.

> Le lait maternel est l'aliment idéal pour le petit homme, il est inimitable et irremplaçable, même si nous ne l'envisageons que sur le plan nutritionnel.

## Lait maternel et immunité : le lait maternel aide le système immunitaire à se mettre en place et à maturer

Envisagé maintenant sous l'angle immunitaire, le lait maternel apparaît tout aussi spécifique et irremplaçable. Il semble à la fois aider le petit homme à se défendre contre le milieu ambiant, et contribuer à mettre en place le système immunitaire lui-même. Depuis longtemps déjà, de nombreuses substances conférant une immunité passive sont bien connues, qu'il s'agisse de cellules immunitaires elles-mêmes ou de molécules immunisantes. Il s'agit surtout des anticorps fabriqués par la mère ou de substances anti-infectieuses comme, par exemple, le lysozyme, actif contre le virus du sida et très bien représenté dans le lait de femme, tandis qu'il est quasiment absent du lait de vache... L'intérêt du lait d'équidés (jument et ânesse notamment) est bien connu : sa richesse exemplaire en lyzozyme en est sans doute une des raisons, de même que sa relative pauvreté en protéines (taux très proche de celui du lait de femme).

À la naissance, l'intestin du nouveau-né est stérile et l'ensemencement bactérien va se faire au contact de l'environnement, en particulier grâce à la nourriture. Le lait maternel oriente le développement de l'écosystème intestinal, dont on connaît l'importance pour notre santé et en particulier nos défenses. L'intestin représente la plus grande zone de contact avec l'extérieur et sans doute la plus dangereuse, d'où l'importance du système immunitaire dans cette région. L'alimentation est de première importance pour le bon fonctionnement intestinal. L'alpha-lacto-globuline du lait de femme commence à livrer le détail de son mode d'action. Elle intervient directement dans le développement et la mort de certaines cellules du système immunitaire du tube digestif du bébé, laissant donc entrevoir nettement le rôle actif du lait maternel dans la mise en place du système immunitaire. Les nucléotides et les gynolactoses, présents dans le lait de femme, participent à ces phénomènes. Depuis quelques années, de nombreuses substances sont peu à peu découvertes, en particulier de nombreux médiateurs de la réponse immunitaire (les cytokines).

## Lait maternel et hormones

Envisagée maintenant sous l'angle hormonal, la spécificité du lait est tout aussi admirable. Le lait maternel est une véritable « soupe » hormonale dont le rôle est loin d'être clair, même si depuis quelques années d'innombrables publications sont consacrées à ce sujet. Le lait comporte à la fois de nombreuses hormones et de nombreux facteurs de croissance qui orchestrent les croissances cellulaires des différents tissus et des différents organes. Le lait est manifestement un agent initiateur et régulateur des systèmes hormonaux et des systèmes de croissance cellulaire. Comme si le sein prenait le relais du placenta avant que le petit ne soit autonome. Les facteurs de croissance les plus connus sont les IGF-1 et 2 (*Insulin-Like Growth Factor*) et EGF (*Epithelial Growth Factor*), mais il en existe de nombreux autres. Les premières publications sur ce sujet remontent à environ dix ans. Le pouvoir thérapeutique du lait concernant les ulcères d'estomac avait alors été rapporté à la présence de ce facteur EGF accélérant la croissance des cellules de la muqueuse gastrique, donc la cicatrisation. Chez la souris, le fait de supprimer ce facteur de croissance du lait ne permet plus le développement intestinal. Petit à petit, on s'est rendu compte que ces facteurs et hormones avaient des actions croisées entre les espèces, autrement dit des molécules hormonales de bovidés peuvent être actives chez des humains consommateurs de lait ou dérivés. Par ailleurs, on sait maintenant que ces facteurs passent la barrière intestinale et peuvent avoir une action dans les tissus de l'organisme. Cela explique l'efficacité du lait dans les ulcères d'estomac. De la même façon, la question du surpoids est peut-être à lier, au moins en partie, à ces facteurs, dans la mesure où l'on nourrit un organisme avec du lait d'une espèce naturellement destinée à faire plus de masse. L'aspect nutritionnel ne suffit pas forcément à expliquer l'augmentation de la taille et du poids dans les populations à alimentation de type occidental. Nous mangeons en effet moins en apport calorique qu'il y a cent ans et pourtant, nous sommes plus grands et souvent plus gros. Alors pourquoi grossissons et grandissons-nous ? Bien sûr il y a, du moins pour le poids, toutes les calories vides de notre alimentation moderne et la diminution de l'exercice physique. L'excès protéique n'est sans doute pas, non plus, étranger à l'augmentation de taille. Mais on ne peut exclure que ces facteurs expliquent l'« épidémie » de surpoids actuelle ou en tout cas y participent. En fait d'« épidémie », il s'agit surtout d'une épidémie de comportements alimentaires et physiques anormaux.

Ces mécanismes sont de mieux en mieux connu, tant les recherches bien documentées affluent depuis quelques années. Ils sont cliniquement beaucoup moins évidents au premier abord, car leur action n'est pas immédiate, elle est même sournoise, se fait à bas bruit au cours des années, ce qui ne les rend pas facile à prendre en flagrant délit. Les conséquences n'en sont pas moins graves, au contraire. Dans diverses espèces animales, les expérimentations montrent bien que les niveaux d'hormones du lait ont des actions sur la croissance et le développement (puberté par exemple) de la progéniture.

Tout cela met en évidence le rôle régulateur du lait maternel dans le bon fonctionnement de notre organisme. C'est très probablement pour cet aspect du problème que la nature a décidé de ne plus continuer à nourrir un petit mammifère avec du lait après le sevrage. Il est sans doute important d'arrêter toutes ces actions d'information et de régulation hormonale et cellulaire « extérieures » à un moment où l'organisme devient autonome, autogéré, c'est-à-dire après l'âge normal du sevrage. Il y a fort à parier qu'à partir de cette période, les vestiges désorganisés d'un ancien système de régulation deviennent une source de dérégulation. Nous en reparlerons au sujet des cancers hormono-dépendants.

## Le lait de vache, bon pour les veaux, et encore…

Le lait de vache, lui, est sûrement un divin nectar pour le petit veau : il n'y a aucun doute à ce sujet, surtout si la vache est saine, bien nourrie et vit une vie normale de vache, ce qui est rare actuellement pour une vache laitière.

Mais les zones d'ombre, pour le lait de vache, sont plus nombreuses que pour le lait de femme, car s'y ajoutent de multiples manipulations faites par l'homme pour avoir toujours plus.

Les vaches laitières sélectionnées pour produire du lait sont choisies parmi des races en quelque sorte déséquilibrées sur le plan hormonal pour donner plus de lait. Leur anomalie fait leur succès.

L'alimentation choisie est, elle aussi, orientée vers une production lactée plus importante au détriment de leur santé. Beaucoup meurent jeunes et cirrhotiques, presque toutes sont colopathes : leurs excréments sont liquides, ce qui signe un mode de fonctionnement intestinal maladif. « Mais où sont passées les bouses d'antan, dirait Brassens »… les bouses d'aujourd'hui ne sont plus utilisables pour faire du feu… les vaches sont malades des hommes.

Nous avons déjà parlé des pesticides, les journaux ont parlé récemment des dioxines.

Enfin, il y a des interventions médicamenteuses directes. L'exemple des États-Unis avec des injections régulières d'hormones recombinées par génie génétique pour augmenter la lactation est le plus criant. Ce procédé est jusqu'à présent interdit en France.

> Avec le lait, nous touchons de près aux mécanismes fondamentaux de régulation de la vie (immunité et système hormonal). Le lait est bien plus qu'un simple aliment, ne le banalisons pas.

# Le lait et les besoins en calcium

« Le lait est absolument indispensable pour satisfaire les besoins en calcium de notre organisme ». Tel est l'ultime argument des inconditionnels des produits laitiers. Que peut-on en penser ?

## Le calcium dans la nature

Le calcium est un élément très répandu dans la nature et, bien qu'appartenant au règne minéral, il se trouve en quantités variables dans la plupart des végétaux et des animaux.

Dans un organisme animal, il assume plusieurs fonctions très importantes, en synergie avec d'autres éléments minéraux, en particulier le magnésium, le phosphore, le potassium, le zinc, le silicium et le bore, pour ne citer que les mieux connus.

La formation du squelette est, quantitativement, son rôle le plus important. À peu près 98 à 99 % du calcium se trouve dans les os et dans les dents. Pour un être humain, cela représente un kilo à un kilo et demi selon la stature du sujet. L'os est un tissu vivant en perpétuel changement destruction-construction lui permettant de rester le plus possible mécaniquement jeune. Cet aspect pondéral majeur du calcium lui a permis d'éclipser les autres. L'aspect des interactions entre éléments est de mieux en mieux pris en compte en biologie, notamment avec le développement de l'informatique, et il est clair qu'un élément pondéralement mineur peut être de première importance, d'où l'intérêt des compléments naturellement diversifiés.

Une très faible partie du calcium (1 à 2 %) est circulant. Le taux sanguin est très stable et ne rend pas compte de l'état des réserves en calcium, mais de l'intégrité ou non des systèmes de régulation de la calcémie, glande parathyroïde notamment. Cela présente d'ailleurs un risque: pendant des années, on peut régulièrement puiser dans les réserves osseuses calciques sans observer de modifications de la teneur du sang en calcium. Cet élément assume des fonctions très importantes, en particulier pour la coagulation sanguine, les échanges membranaires et l'excitabilité neuromusculaire. Le soin que prend l'organisme à réguler la calcémie, quitte à puiser dans les réserves, est remarquable.

Le rôle primordial de cet élément pour notre santé n'est pas à démontrer. Il n'est pas possible d'être en bonne santé osseuse et générale si l'élément calcium est déficient ou en dysfonctionnement.

L'observation permet de constater que tous les animaux, quel que soit leur mode alimentaire, arrivent fort bien à résoudre le problème de leur approvisionnement en calcium sans boire de lait et sans aller à la pharmacie chercher des comprimés.

Pensons entre autres: à la baleine avec le plancton, au lion avec la viande, à l'éléphant avec l'herbe, aux oiseaux avec les graines ou les insectes (de plus ils pondent des œufs), à l'escargot et sa maison portable, à l'huître et sa coquille.

Tout le monde se débrouille très bien, les animaux paraissent même moins fragiles que nous et ne semblent pas avoir de problèmes de calcification de tissus mous comme nous en avons, en particulier dans nos artères et en régions péri-articulaires.

Est-il donc raisonnable de manger tant de produits laitiers pour le calcium de nos os? Est-il logique d'avoir peur de toujours en manquer?

## Le calcium dans notre organisme

Voyons d'un peu plus près le circuit du calcium dans notre organisme.

Ce schéma simplifié montre la complexité des événements et l'importance des interactions. On ne peut pas résumer le métabolisme cal-

## Schéma simplifié du métabolisme du calcium

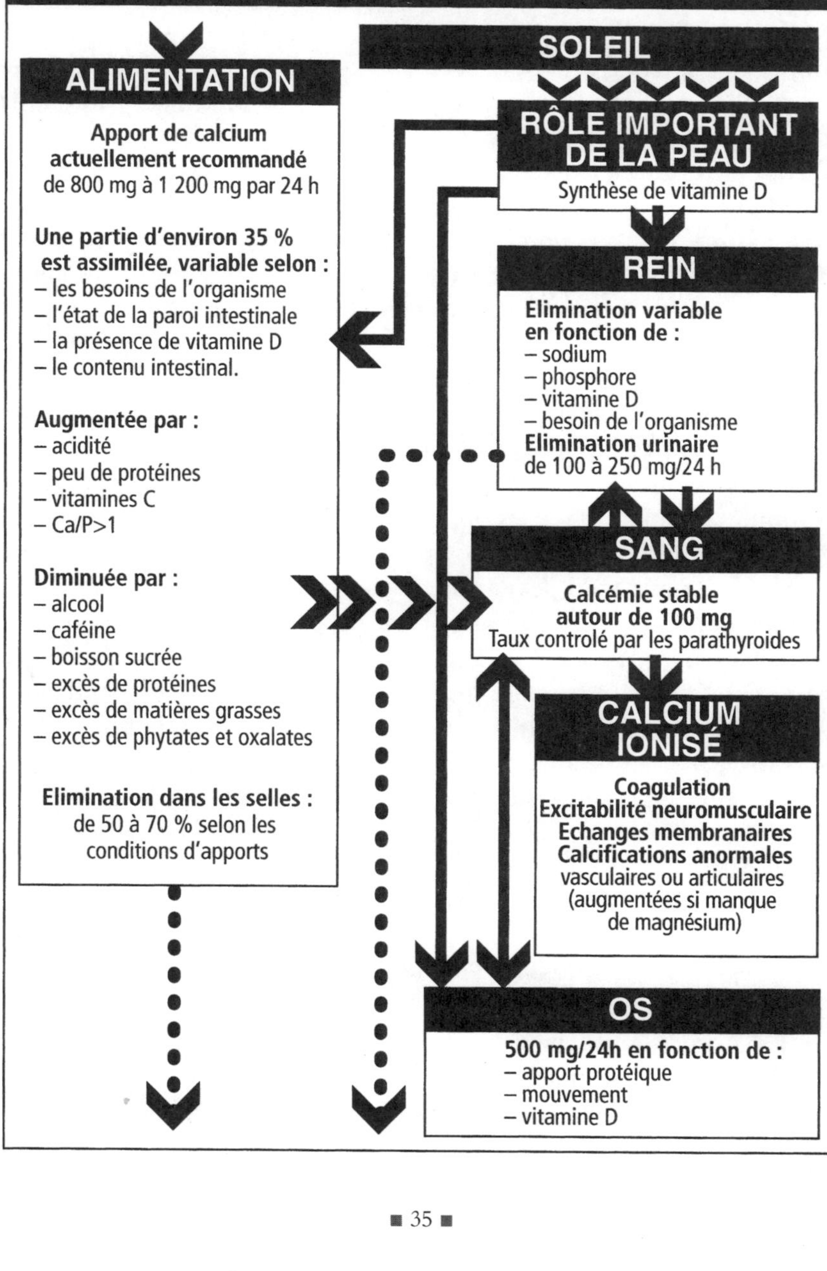

cique, comme on le fait souvent actuellement, à un chiffre d'apport. C'est une simplification abusive.

Le coefficient d'absorption digestive est d'environ 30 %, aussi bien pour le calcium de l'eau, des végétaux pauvres en oxalates, du lait, que pour celui des compléments alimentaires ou pharmaceutiques, la palme semblant revenir au calcium marin, en particulier aux broyats de coquille d'huître (61 %). En fait, ce coefficient peut varier en fonction d'une part des besoins, d'autre part de l'environnement alimentaire. Par exemple, de nombreuses boissons peuvent être enrichies en calcium ; celui ajouté dans le lait est moins bien absorbé que dans le jus d'orange, lui-même moins bien absorbé que dans le jus de pomme.

L'excrétion urinaire est, elle aussi, très variable, ce qui laisse à l'organisme une notable marge de manœuvre d'adaptation en fonction des besoins et des apports.

La zone dangereuse commence avec un apport inférieur à 500 milligrammes. Pour justifier les apports conseillés actuellement, il serait plus juste de dire que notre mode de vie, en particulier alimentaire, est très éloigné de ce qu'il devrait être et que, dans ce désordre, il semble qu'un apport anormalement important de calcium au niveau intestinal soit nécessaire pour que, dans la plupart des cas, la partie assimilée (donc franchissant la barrière intestinale) soit suffisante. Cependant, il n'est pas prouvé que, pour de nombreux sujets ayant une bonne assimilation, cet excès calcique permanent ne sera pas sans conséquence. Si le calcium est utile lorsqu'il va bien dans l'os, il est plutôt nuisible quand il envahit les tissus mous comme les artères ou les régions périarticulaires.

### Les facteurs de l'équilibre calcique

De ce schéma retenons :

• **La nécessité de certaines corrections alimentaires** que nous allons envisager dans quelques pages ;

• **L'importance du mouvement**, de l'activité physique en particulier. L'organisme n'investit que dans des systèmes qui servent, donc il faut utiliser le système ostéo-articulaire, sinon l'organisme s'en occupe moins, il se dématérialise en quelque sorte. L'exemple typique en est fourni par les alités au long cours et surtout par les cosmonautes, chez qui l'on a pu mesurer une perte de masse osseuse. Un autre aspect du mouvement passe trop souvent inaperçu : c'est la respiration. Une bonne aération pulmonaire permet aussi d'équilibrer le statut acido-basique de l'organisme et d'économiser ainsi des bases calciques, nous allons en reparler. Le mouvement en plein air est donc particulièrement utile ;

• **L'importance de la vitamine D**, donc – notamment – de la qualité fonctionnelle de notre peau qui en fabrique un précurseur : la provitamine D. Nous retrouvons là l'importance du choix des graisses que nous ingérons, car l'état de notre peau en dépend. Il est donc souhaitable de diminuer la consommation des graisses animales et végétales solides à température ordinaire (dont l'huile de coprah et de palme que l'on trouve en particulier dans les margarines et de nombreux produits dits « allégés », ces huiles ayant à tort bonne image dans certains milieux végétariens). Par contre, il est bon d'augmenter celle des fruits et graines d'oléagineux et des huiles végétales de bonne qualité, c'est-à-dire de première pression à froid (les autres huiles dites « raffinées » apportent des acides gras trans, nocifs pour la santé). En quelques semaines de ces modifications alimentaires, ceux qui ont la peau sèche la verront devenir beaucoup plus douce et souple, et les rayons lumineux seront beaucoup plus efficaces pour produire de la vitamine D. Il est démontré que l'apport de certains acides gras polyinsaturés GLA (acide gamma-linolénique, présent surtout dans les huiles de bourrache ou d'onagre) et EPA (acide éicosapentaénoïque, bien représenté surtout dans les poissons gras) améliorent le bilan calcique de personnes âgées, sans doute est-ce par ce biais ;

• **En cas de problèmes d'assimilation**, vérifier que les fuites, en particulier urinaires (calciurie), ne sont pas excessives, ce qui permet de rechercher une cause médicale plus précise ;

• **La cause la plus fréquente** et banalisée des fuites urinaires est l'excès de consommation et de production d'acides par l'organisme. Les sels calciques du squelette sont mis à contribution pour maintenir l'équilibre acido-basique du corps.

La prestigieuse revue médicale *The New England journal of Medecine* nous livre l'expérience suivante, qui ne fait d'ailleurs que confirmer de nombreux travaux dont ceux du docteur Kousmine. Une équipe de chercheurs californiens fait ingérer pendant dix-huit jours à dix-huit femmes ménopausées une dose d'environ 90 mmol/jour de bicarbonate de potassium, les taux de calcium et de protéines alimentaires étant par ailleurs contrôlés. Pendant cette période, la balance phosphocalcique a été nettement améliorée, la résorption osseuse diminuée, alors que l'absorption intestinale de calcium et de phosphore était peu influencée par la supplémentation en bicarbonate. À l'arrêt du traitement, la balance phosphocalcique est revenue aux valeurs précédant l'étude. Vous avez bien lu : l'apport d'un sel alcalinisant, ne comportant aucun calcium, a bien permis de positiver le bilan calcique, c'est dire l'importance à accorder à tous les éléments autres que le calcium.

Or, le niveau de la production de radicaux acides dépend de facteurs alimentaires (en premier lieu : sucres rapides, excès protéique, fruits acides ou pas mûrs), respiratoires (hypoventilation) et de stress (dont l'excès acidifie, relaxons-nous !), ce qui est facilement vérifiable individuellement en mesurant notre pH urinaire. Cet examen simple permet de se rendre compte des variations en fonction des paramètres évoqués.

### Du calcium contre l'excès d'acidité

En examinant le schéma du métabolisme calcique, une question surgit : pourquoi le corps ne réutilise-t-il pas tout simplement le calcium libéré par la destruction osseuse pour reconstruire ? En effet chaque jour, environ 500 milligrammes de calcium sont libérés de l'os détruit, et la même quantité est réutilisée pour la construction osseuse de remplacement. On pourrait fort bien imaginer qu'après un éventuel petit recyclage, il soit renvoyé tout neuf au poste qu'il occupait précédemment. Une explication est justement qu'il sert à neutraliser une acidité, dont une partie est incompressible car liée à la vie comme l'est la formation de radicaux libres, par exemple. Plus cette acidité est grande et plus les besoins compensatoires ou équilibrants sont importants, moins la réutilisation du calcium est possible, puisqu'une fois lié aux radicaux acides il est éliminé par voie urinaire. L'élimination urinaire est très variable dans son intensité comme le montre le schéma. On voit donc qu'une forte consommation ou production de radicaux acides est une cause non seulement possible mais certaine et éventuellement importante de perte calcique, donc de destruction osseuse.

## La vie normale du squelette

L'os, comme tout tissu vivant, est en perpétuel remaniement pour rester mécaniquement jeune le plus longtemps possible. Sa stabilité apparente est le résultat d'un équilibre dynamique entre un processus de construction et un processus de destruction.

Pendant la période de croissance, la construction l'emporte et la masse osseuse augmente. Il semble exister un lien entre la formation de la masse osseuse à cet âge et le risque de fracture osseuse après cinquante ou soixante ans. C'est dire l'importance de cette période. La masse osseuse croît surtout pendant deux périodes : de la naissance à quatre ans d'une part et dans la période prépubertaire et pubertaire d'autre part. La valeur moyenne du gain journalier en calcium de l'organisme est d'environ 70 milligrammes vers l'âge de trois ans et de 300-400 milligrammes à la puberté, cela constituant l'essentiel de nos besoins réels en calcium. Le coefficient d'utilisation digestif (donc d'absorption) étant d'environ 30 %, on peut estimer les besoins, selon l'âge, entre 300 milligrammes et 800 milligrammes-1 gramme avec un pic pubertaire à 1gramme-1,2 gramme, cela dans le cadre de l'alimentation occidentale.

Ensuite, pendant une longue période, les processus sont en équilibre et la masse osseuse reste stable. Les grossesses et les allaitements ne justifient pas une augmentation des apports calciques dans la mesure, bien sûr, où ils sont satisfaisants habituellement. En effet, dans tous les cas, le corps puise du calcium dans les réserves osseuses et, à la fin d'un allaitement, il y a toujours une petite déminéralisation physiologique réparée en quelques mois. Une saine alimentation générale et de l'exercice modéré sont beaucoup plus utiles qu'un déséquilibre induit par un excès de produits laitiers.

C'est vers l'âge de trente-cinq ans que le processus de destruction prend peu à peu le dessus et que la masse osseuse commence lentement à diminuer ou plus exactement à se dédensifier. Ce n'est pas seulement la fixation du calcium qui est perturbée, mais on constate une altération et une perte de trame osseuse. Ce phénomène connaît une accentuation importante à partir de la ménopause et pendant surtout une dizaine d'années, chez beaucoup de femmes, un peu plus tardivement chez les hommes. Ensuite, ce phénomène de perte osseuse se poursuit, mais à un rythme ralenti. Il va néanmoins poser d'importants problèmes après soixante-dix ou quatre-vingts ans car, à cette période, beaucoup de gens ont tendance à ne pas manger suffisamment, à ne pas sortir marcher et à faire plus facilement des chutes.

Le risque de fractures augmente ainsi notablement, soit sous forme de tassement vertébral, soit sous forme de fracture du col du fémur. Les variations individuelles sont importantes, dépendant avant tout, comme d'ailleurs pour la période de croissance :

• **De facteurs génétiques :** certains gènes sont impliqués dans la constitution de la masse osseuse par le biais des récepteurs à la vitamine D, des récepteurs aux œstrogènes ou d'autres mécanismes. Pour le moment il semble que de nombreux gènes interviennent, chacun n'ayant qu'un rôle modeste ;

• **Du statut hormonal ;**

• **Du type d'activité physique**, facteur habituellement sous-estimé ;

• **Du mode alimentaire global :** l'apport calcique n'en est qu'un élément, et pas forcément le plus important. Surtout, il n'est pas synonyme de laitage, car il est maintenant bien établi que, par exemple, le calcium de l'eau, surtout l'eau prise entre les repas, est aussi bien assimilé.

## Comment conserver une bonne masse osseuse

Pour constituer et conserver une bonne masse osseuse, il semble actuellement établi que :

• La période de constitution de la masse osseuse est importante pour la suite. À cette période, un régime doit apporter les nutriments utiles, estimés, dans le cadre de l'alimentation occidentale, à environ 600 milligrammes dans l'enfance, 1 gramme dans l'adolescence. Il est rarement dit, et c'est bien dommage, que cette même alimentation ne devrait pas amener de facteurs initiant la formation de radicaux acides en excès : en particulier sucres rapides (calories vides plus généralement) et excès protéique. Un enfant buvant un litre de lait par jour est au double de l'apport conseillé rien qu'avec cela (1 litre de lait = 1,3 gramme de calcium), donc au moins au triple si l'on prend en considération le reste de la ration. La plupart des études montrent qu'au-delà de la quantité préconisée, il est impossible de prouver qu'on améliore l'avenir. Elles montrent même que la déficience d'apport ne commence qu'au-dessous de 500 milligrammes. Mieux vaut sans doute être aux alentours de 1 gramme dans le cadre d'une alimentation dite « équilibrée ». Un apport excessif à base de produits laitiers semble plus augmenter la masse osseuse que la densité osseuse, or c'est celle-ci qui nous intéresse avant tout. Notons que les Asiatiques ont un apport calcique très bas (300-400 milligrammes), une masse osseuse moindre, mais un taux de fracture également moindre, du fait que la perte de masse après la cinquantaine se fait moins rapidement, pour des raisons à la fois génétiques et alimentaires qui rendent les comparaisons un peu difficiles. Néanmoins, cela pose une question d'autant plus sérieuse qu'ils sont plus sujets aux fractures après adoption de l'alimentation occidentale.

• **La vitamine D est essentielle.** Les besoins quotidiens sont estimés entre 400 et 600 unités internationales (UI) par jour. Une exposition au soleil de la face et des mains (sans maquillage ni écran !) d'un quart d'heure permet une synthèse interne suffisante. Les apports alimentaires sont limités aux poissons gras (environ 500 UI pour 100 grammes) et au jaune d'œuf (200 UI), l'apport des produits laitiers étant anecdotique… quoi qu'en dise la publicité. Un apport sous forme de complément (soit huile de foie de poisson, soit produit pharmaceutique) est sans doute utile dans les pays peu ensoleillés en saison « grise », chez les tout-petits et les personnes âgées.

• **Le mode alimentaire est extrêmement important.**

– Apport protéique suffisant, soit environ 0,8 ou 1 gramme par kilo (1) et par 24 heures ;

1. Soit environ 60 grammes par jour (la viande, le poisson et les légumes secs contiennent environ 20 % de protéines, les céréales 10 à 12 %).

– Apport calcique d'environ 0,8 à 1 gramme par jour ;
– Apport de bonnes graisses pour fabriquer la vitamine D, apport éventuel de vitamine D
(poissons gras, jaune d'œuf) ;
– Apport de micronutriments variés pour permettre une bonne utilisation du calcium (en particulier magnésium, phosphore, silice, zinc, bore...), donc un bon apport en végétaux (céréales, légumineuses, fruits et légumes), de préférence de culture biologique ;

> Il faut de plus veiller à éliminer certains facteurs négatifs hélas très habituels :
> – Calories vides à limiter à l'extrême (sucres et sucreries, viennoiseries, boissons sucrées, etc.) ;
> – Excès de sel ;
> – Excès de protéines, fréquent dès que plusieurs produits animaux se côtoient au même repas.
> Par ailleurs le café, le tabac et l'alcool sont des facteurs défavorables.

• **L'assimilation du calcium** dépend de son environnement alimentaire. D'où l'importance primordiale du magnésium, du silicium, du phosphore, du zinc, du bore. Si les rapports entre ces différents éléments ne sont pas satisfaisants, le calcium ne va pas être assimilé, ou bien sera mal utilisé, ce qui est encore bien plus grave. La coexistence fréquente de lésions d'ostéoporose et de vastes calcifications artérielles (athéroscléroses) en est l'exemple le plus frappant : sans apport magnésien suffisant, le calcium envahit les tissus mous. Cela plaide plutôt en faveur d'apports calciques naturellement riches en multiples éléments minéraux et pauvres en graisses saturées, qui aggravent les lésions artérielles. Privilégions donc les eaux minérales et les algues, plutôt que le lait.

Bien que ces phénomènes soient connus, ils n'attirent guère les crédits de recherche. Voici les résultats d'une recherche bibliographique : en interrogeant la plus grande base de données médicales (MEDLINE) au sujet des études concernant les minéraux susdits on obtient : silicium et ostéoporose, 1 article ; zinc et ostéoporose, 71 articles ; magnésium et ostéoporose, 232 articles ; calcium et ostéoporose : 4 930 articles.

On sait la présence du silicium dans le système ostéo-articulaire et tous les tissus riches en collagène d'une façon générale. L'importance de certaines plantes, notamment la prêle, riches en silicium, est bien connue en particulier dans la vie de l'os. Notre tradition botanique médicinale en témoigne mais qu'importe... la mode n'est pas là, ce qui est d'autant plus surprenant que les auteurs de l'article sur le silicium annoncent un résultat positif sur la masse osseuse et simultanément une stimulation des défenses immunitaires.

• **Le calcium de l'eau** ou des compléments naturels est au moins aussi assimilable que celui du lait. Les apports en différents minéraux sont indiqués sur les bouteilles. Parmi les eaux les plus connues, citons Vittel et Badoit (200 milligrammes de calcium par litre), Contrex (500 milligrammes de calcium par litre, et en plus 84 milligrammes de magnésium) et Hépar (avec 110 milligrammes de magnésium). Cela veut clairement dire qu'un litre de Contrex ou d'Hépar apporte à lui seul la moitié des apports conseillés en calcium et environ 30 % des apports de magnésium.

• **La sédentarité**, l'absence ou l'insuffisance de mouvement, est probablement, à elle seule, un facteur aussi négatif que la plus mauvaise des alimentations. Pour au moins deux raisons : l'os doit être mis en mouvement pour assurer son bon métabolisme, et l'appareil respiratoire doit ventiler pour contribuer à l'équilibre acido-basique général (et donc épargner du calcium comme nous l'avons vu). On peut en ajouter une troisième : l'exercice physique, hors compétition, est un excellent outil de gestion du stress et, en plein air, favorise la synthèse de la vitamine D.

• **Le traitement hormonal** classique améliore les problèmes tant qu'il est suivi. C'est-à-dire qu'il repousse l'échéance du début de la perte osseuse importante. Quand on l'arrête, on se retrouve au point de départ, mais on a gagné quelques années. C'est pourquoi on le prescrit de plus en plus longtemps. On parle de plus en plus du rôle des phyto-œstrogènes ou de la progestérone naturelle ; nous y reviendrons.

• Les sels calciques du squelette interviennent de façon importante dans le maintien de l'équilibre acido-basique de l'organisme. Ils servent à neutraliser l'excès d'acides produits par le métabolisme général. Cette production acide est naturelle, mais modulée par différents facteurs qui dépendent en partie de nous : alimentation, respiration et gestion du stress. Notre mode de vie actuel ne va pas, pour le moins, dans le bon sens... Cela explique sans doute ce qui suit.

## L'ostéoporose

Lorsque le processus de destruction osseuse l'emporte sur celui de construction, on assiste à une perte de trame osseuse, de dédensification de l'os : c'est l'ostéoporose avec son risque de fracture. Il ne s'agit donc pas, hélas, que d'un problème de calcium et de calcification, auquel cas nos os deviendraient mous. L'atteinte osseuse est bien plus globale, la texture même de l'os est perturbée et il devient cassant. La perte de densité osseuse qui en découle n'est qu'une conséquence d'un déséquilibre de la vie du tissu osseux, en particulier de la trame protéique.

### Un problème de plus en plus fréquent

Compte tenu de la longévité croissante, ce risque doit être pris très au sérieux et prévenu autant que possible. Au niveau individuel, la gêne peut être très importante et changer vraiment le cours d'une fin de vie de façon très désagréable. Au niveau collectif, c'est un véritable problème de santé publique, avec environ 50 000 fractures du col du fémur chaque année en France et une prévision d'environ le double pour l'horizon 2025. Aux États-Unis, on estime qu'une femme sur six se cassera le col du fémur durant sa vie ! L'incidence des tassements vertébraux est plus difficile à apprécier, mais il y a en France environ 175 fractures vertébrales hospitalisées et 145 fractures radiologiques sans hospitalisation pour 100 000 femmes. Le même phénomène existe chez l'homme mais à un moindre degré ; par ailleurs, pour les deux sexes, de nombreuses fractures passent inaperçues, se traduisant seulement par une diminution de taille.

Dans l'état actuel de la pratique médicale, l'ostéodensitométrie est le meilleur examen pour apprécier de façon simple et fiable l'état de la masse osseuse. Sans doute cela sera-t-il remis en cause dans les années à venir par la mise en pratique courante de marqueurs biologiques de la vie osseuse.

Toujours est-il qu'actuellement, il est fort utile, pour ne pas dire indispensable, de faire cet examen au moment de la ménopause et de le répéter quelques années plus tard (de 2 à 5 ans selon les résultats du premier bilan), afin d'avoir une idée du profil évolutif. Chaque année, en effet, une perte de 1 à 2% est statistiquement normale, physiologique et non inquiétante, surtout si au départ la masse osseuse est satisfaisante. Par contre, il est intéressant de dépister précocement les femmes ayant au départ une masse osseuse faible et/ou un coefficient de perte important (la perte peut atteindre souvent 3 à 5 %).

### Hormones, vitamine D et activité physique

La connaissance des facteurs de risque et les signes cliniques sont en effet à eux seuls insuffisants. Il est tout de même important de les connaître afin de mieux adapter les conseils préventifs :

• **Le statut hormonal postménopausique :** même après la ménopause, une sécrétion hormonale d'origine ovarienne subsiste, certes moindre mais loin d'être négligeable, et avec de grandes variations individuelles. *A priori*, la maigreur est un indicateur de risque, sans doute aussi l'existence de nombreuses bouffées de chaleur ou les problèmes de sécheresse vaginale. Bien sûr, une ménopause précoce est à prendre en compte.

• **Le statut en vitamine D :** celle-ci est normalement fabriquée par une peau saine (bien nourrie donc peu ou pas sèche) au contact des rayons solaires. Donc méfiance : en pays « gris », en hiver et avec des modes de vie ne comportant pas d'instants en plein air, mieux vaut prendre un complément (une femme moderne passerait seulement 3 à 5% de sa vie à l'air libre). Les Nordiques sont plus atteints que les Méditerranéens.

• **L'activité physique** : il ne s'agit pas de sport de compétition, qui semble au contraire plutôt un facteur négatif, mais du fait de bouger, de solliciter son appareil ostéo-articulaire. Le travail en appui est particulièrement favorable (station debout, marche, course modérée).

• **Le mode alimentaire** est essentiel et nous ne l'évoquerons que pour insister sur l'importance d'en dépister les principales anomalies et inciter à leur correction.

• **L'excès de stress** : une partie au moins est souvent évitable, car relevant de notre choix de vie. Cliniquement, les gens maigres, nerveux, insomniaques seront plus exposés.

Les traditions orientales avaient déjà bien repéré ces facteurs de risque et affirment que la peur est l'émotion qui nuit le plus à la masse osseuse. Essayons donc de faire en sorte de la limiter. Mais cela explique peut-être, actuellement, une partie importante des ostéoporoses que l'on voit dans un climat psychologique d'insécurité croissante. Au moins au niveau individuel et, bien sûr, si possible collectif, prenons des mesures qui nous permettent peu à peu de nous réinstaller dans la confiance.

• **Autres indices cliniques** nécessitant une attention particulière :

– antécédent personnel de fracture (tout spécialement la fracture du poignet) ;

– toute fracture pour une chute banale voire un effort relativement peu important sur un os doit amener à s'interroger sur la qualité de l'os et la faire vérifier par une ostéodensitométrie ;

– puberté tardive ; ménopause précoce ; absence d'enfant ;

– maigreur ;

– ongles cannelés ;

– pH urinaire acide (la mesure est simple et peu onéreuse) ;

– régimes alimentaires restrictifs.

Le traitement hormonal fait partie des recommandations dont le bien-fondé est reconnu en l'absence de contre-indications et d'une bonne acceptation psychologique. On parle de plus en plus des progestérones naturelles ou des phyto-œstrogènes. Leur action hormonale, non négligeable (souvent constatée sur les bouffées de chaleur), semble efficace sur les os, mais ce n'est pas encore démontré. Les résultats sont variables d'une personne à l'autre. Ces différences individuelles semblent liées aux notions de récepteurs hormonaux ou à la qualité de la flore intestinale, qui métabolise plus ou moins bien ces composés. Le cas le plus intéressant est celui de la société japonaise : malgré un apport calcique généralement faible (de 350 à 500 milligrammes), l'ostéoporose semble moins importante et surtout moins source de fractures. On y consomme beaucoup de soja et peu ou pas de produits laitiers. À l'inverse, les os des Finlandais se cassent de plus en plus, malgré une importante consommation laitière, ce qui pose dans ce pays un problème d'une réelle ampleur dont on cherche à comprendre la cause. En effet, vu leur consommation de produits laitiers, cela est pour le moins inattendu... à moins que les protéines du lait ne soient pas non plus fameuses pour la construction osseuse, fait suggéré par certaines études et non contredit par l'épidémiologie [1]. Aux dernières nouvelles, il semble qu'une explication soit fournie par la supplémentation des laits en vitamine A dans les pays nordiques, l'excès de cette vitamine diminuant la densité osseuse. Cela prouve qu'il faut se méfier des supplémentations ponctuelles, car nous sommes loin de maîtriser tous les effets de nos modifications alimentaires. Restons donc modestes et humbles devant la complexité des mécanismes vitaux. Les phyto-œstrogènes semblent présenter un avantage majeur, car leur effet ne serait pas le même selon les besoins de l'organisme : ils auraient une activité œstrogénique dans certains sites et anti-œstrogénique dans d'autres, ce qui ne les contre-indiquerait plus dans l'optique des cancers hormono-dépendants. Ce dossier n'est toutefois pas encore assez documenté actuellement. Notons tout de même que la question des apports éventuels en phyto-œstrogènes et autres substances probiotiques ne se limite pas au soja. De nombreuses plantes en contiennent et cela plaide en faveur d'une alimentation à base végétale diversifiée et agrémentée d'aromates. Ne renouvelons pas avec le soja les erreurs faites avec le lait. À partir de

1. Etude sur une population des rapports entre une pathologie et des facteurs liés au mode de vie.

l'exemple de ce produit, reconstruisons nos identités perdues en retrouvant les racines de notre propre culture botanique et alimentaire un moment oubliées. Le lin, par exemple, disponible sous forme de graines dans les magasins bio, est très riche en phyto-œstrogènes et en bonnes graisses, dont surtout l'acide alpha-linolénique ; ses charmantes petites fleurs bleues pourraient donc à nouveau égayer nos campagnes.

### Des erreurs classiques

Dans la pratique, que voit-on bien souvent ? Des gens qui par peur de manquer :

• Se surchargent en calcium de toutes provenances : il n'est pas rare de voir des dames se gaver de produits laitiers **et** boire un ou deux litres d'eau riche en calcium (ce qui est excessif et non dénués d'effets secondaires) **et** prendre en plus un ou deux comprimés de calcium vitamine D, sans parler d'éventuels autres compléments alimentaires. Cette « obsession calcique » se fait au détriment d'un apport minéral diversifié, adapté, et d'une révision alimentaire minimale : moins de protéines, de sel, de café et bien sûr de calories vides ;

• Utilisent le traitement hormonal classique sans en parler à leur médecin (qui de toute façon très souvent en sourit sans chercher à en savoir plus), prennent à la fois du yam[1] (précurseur de progestérone naturelle en crème dermique ou en gélules), du soja (phyto-œstrogène de référence) et/ou de la progestérone naturelle elle-même.

Tout cela fait tout de même un peu désordre et n'est pas forcément dénué de risques : le trop n'est jamais anodin, quand il devient habituel.

### Conseils pratiques

Retenons d'abord :

– que la ménopause est un phénomène physiologique qu'il ne faut pas dramatiser ;

1. Variété d'igname en vente sous forme de préparations diverses en pharmacie et dans les magasins de produits naturels.

– que l'homme doit lui aussi être attentif, il est atteint, plus tard, mais il est atteint ;

– qu'une hygiène de vie courante en est sans doute le meilleur traitement :

> **Mouvement en plein air, alimentation saine et détente en sont les trois piliers d'un bon équilibre calcique. Le calcium seul, sans mouvement ni vitamine D, n'a jamais fait remonter un capital osseux déficient.**

• **Si l'on prend des compléments**, certains compléments naturels sont particulièrement intéressants car simultanément riches en d'autres éléments, dont le magnésium : une eau minérale riche en calcium, ou un complexe minéral marin de type broyat d'huître ou lithothamne. Ce dernier semble très indiqué : la biodisponibilité du calcium est bien documentée, c'est un complexe minéral marin et il apporte donc un ensemble naturellement équilibré et varié d'oligoéléments, enfin il est alcalinisant (constitué surtout de carbonates) et permet donc d'éviter de puiser dans nos propres sels calciques pour maintenir notre équilibre acido-basique. De très nombreux agriculteurs, d'ailleurs, en donnent à leurs vaches laitières comme complément minéral, en particulier calcique, alors qu'il est utilisé avant tout pour remonter le pH des sols acides.

> **Mais quelle que soit la source de calcium choisie, il ne faut pas en prendre trop, et se limiter à 1 gramme de calcium élément, ce qui représente par exemple trois grammes de lithothamne (ou de tout autre carbonate de calcium), soit une cuillère à café environ.**

• **Si on suit le traitement hormonal classique,** pourquoi ajouter autre chose en l'absence d'études prouvant une bonne compatibilité ? Le traitement hormonal classique, avec ses différentes adaptations, a prouvé son efficacité sur ce point, tout au moins pendant sa durée. Ne confondons pas, inconsciemment, naturel et inefficace ou anodin. Si les produits naturels s'avèrent inefficaces ou anodins pourquoi les prendre ?

• **Si l'on prend les produits naturels,** là encore ne mélangeons pas tout : si l'un suffit à arrêter les bouffées de chaleur, *a priori* il est suffisant et il n'est pas utile de le doubler et d'avaler de plus en gélules, en crème ou en aliments, le plus possible de phyto-œstrogènes ou autres. Malgré de fortes présomptions, il semble un peu osé, aujourd'hui, d'affirmer leur totale et constante efficacité.

Une politique personnelle simple et réfléchie permet de limiter, d'intégrer l'angoisse ou la peur, de n'en garder que leur aspect positif : la mise en place de comportements adaptés, allant dans le sens des corrections à effectuer. Si malgré cela, des contrôles montrent une perte osseuse anormalement importante, il faut alors passer à une phase réelle de traitement, mais cela concerne finalement peu de personnes et ne devrait logiquement intervenir qu'après un essai réel d'un programme adapté pendant au moins un an.

> Surtout, il ne faut pas réduire le débat à :
>
> ostéoporose = manque de calcium = manger des produits laitiers

## Du calcium ailleurs que dans le lait

Repensons un moment aux différents animaux qui entretiennent un squelette, pondent éventuellement des œufs, ou se fabriquent une coquille. Tous tirent leur calcium d'une alimentation faisant appel à toutes sortes d'éléments très variés. La vache, rappelons-le, est herbivore. De nombreux végétaux sont pour nous aussi une source précieuse de calcium fort bien assimilé. Dans la mesure où ils ne sont pas riches en oxalates ou en phytates, tous les végétaux sont utiles par leur richesse en calcium et par le fait qu'ils amènent des substances favorables à la balance calcique, comme les phyto-œstrogènes ou les fructo-oligosaccharides. Ces derniers ont une action bénéfique sur la flore intestinale et sont présents notamment dans la betterave, l'ail, l'oignon, etc. Toute la famille des crucifères doit retenir notre attention, en particulier les choux, véritables aliments-remèdes. D'une façon générale, les céréales et les légumineuses complètes ou semi-complètes de culture biologique sont d'un appoint notable. Les oléagineux (fruits et graines) doivent être largement utilisés, surtout le sésame, le lin et l'amande. Avant préparation, il est préférable de les tremper 12 à 24 heures pour les rendre mieux assimilables (réveil enzymatique qui fait disparaître les phytates et augmente les teneurs vitaminiques).

Les algues méritent une mention spéciale car elles apportent beaucoup de calcium, mais aussi d'autres oligoéléments. Leur utilisation en soupe ou en condiment est simple (le sel aux algues en est un exemple). Il est vrai que le goût de certaines peut surprendre au départ, d'autres (dulse, laitue de mer) sont d'emblée faciles et agréables.

Les eaux riches en calcium sont particulièrement utiles. Ne pas en abuser. Les personnes constipées préféreront Hépar, les autres Contrex pour ne citer que les plus connues. Elles peuvent être bues ou utilisées en cuisine, notamment pour les soupes.

Les compléments calciques sont multiples et variés. L'avantage majeur des calciums pharmaceutiques est leur association à de la vitamine D, et il en existe au moins un à base de coquilles d'huîtres. Le principal atout des complexes marins est leur richesse en multiples oligoéléments sous une forme naturelle ; ne pas oublier en hiver de les associer à de la vitamine D en l'absence de sorties suffisantes en plein air. Dans tous les cas, ne pas abuser. Ces « conseils » de complément pourront surprendre certains lecteurs, mais il semble préférable d'en user plutôt que de rester avec une peur de manquer. En ce sens, ils permettront à certains de faire face beaucoup plus sereinement à l'épreuve de suppression. Nous mangeons moins, en quantité, de végétaux de bonne qualité permettant un apport suffisant ; donc il faut suppléer à cette relative défaillance par une autre source. La proposition habituelle d'hyperconsommation de produits laitiers est née de ce constat et de la richesse apparente de ces produits en calcium, dans un contexte culturel de survalorisation des produits animaux. Avec le recul, on constate maintenant que les effets secondaires sont tels, pour beaucoup de gens, qu'il vaut mieux utiliser une autre voie comportant, d'une part un réajustement alimentaire et physique, d'autre part un complément éventuel optimisé.

Pour terminer ces quelques observations et réflexions, voici pour quelques aliments un tableau de richesse en calcium, exprimée en milligrammes pour 100 grammes.

| | | | |
|---|---|---|---|
| Lait de femme | 34 | Amande/noisette | 234 |
| Lait de vache | 132 | Sésame complet | 780 |
| Lait de vache à 0 % | 123 | Sucre raffiné | 0 |
| Beurre | 16 | Mélasse (canne à sucre) | 273 |
| Yaourt | 150 | Figue sèche | 178 |
| Camembert | 268 | Fruit frais en moyenne | De 10 à 40 |
| Fromage de chèvre | 200 (en moyenne) | Céréales complètes | De 30 à 85 |
| Roquefort | 700 | Haricots/pois chiches | De 120 à 150 |
| Cantal | 780 | Soja | 250 |
| Gruyère | 1 010 | Produits carnés | De 10 à 20 |
| Parmesan | 1 265 | Moules/huîtres | 90 à 100 |
| Eau de Contrexéville | 486 mg/litre | Sardines entières | 300 |
| Eau d'Hépar | 581 mg/litre | Cresson/persil/ pissenlit | 150 à 200 |
| Eau de Vittel | 202 mg/litre | Brocoli | 130 |
| Eau de Badoit | 190 mg/litre | Œuf (sans la coque !) | 50 mg par œuf |
| Algues sèches | De 1 000 à 2 000 selon le type d'algues | Œufs de poisson | 70-80 |
| Olives | 100 | Crevettes | 65 |

Il n'est pas difficile avec tout cela d'apporter quotidiennement un gramme de calcium sans produit laitier ou avec seulement un peu de ces produits.

# Le lait peut nous rendre malade

Il peut s'agir de maladies relativement bénignes, mais néanmoins très gênantes et coûteuses dans la vie quotidienne ; il peut s'agir de maladies graves mettant éventuellement notre vie en danger. Les premières ne font guère l'objet de recherches et les publications à leur sujet sont plutôt rares, nous les évoquerons surtout dans le cadre des chapitres sur l'épreuve de suppression et sur l'utilisation des produits laitiers. Pour ces affections, notre expérimentation personnelle suffit à vérifier les méfaits des produits laitiers. Les secondes, par contre, intéressent beaucoup les équipes de chercheurs, et de nombreuses publications scientifiques sont disponibles à leur sujet ; c'est pourquoi nous les avons regroupées à part : il s'agit des cancers hormono-dépendants, des affections cardiovasculaires et des maladies auto-immunes, pour nous en tenir aux sujets les mieux documentés.

## L'intestin, une clé pour comprendre et entretenir notre santé

Un plant de tournesol (ou toute plante de votre choix) a un aspect et une vie très différente selon les qualités de la terre dans laquelle il pousse. Une terre déséquilibrée, mal arrosée, va le rendre chétif et en proie à différentes maladies. À l'inverse, une terre saine et profonde le rendra superbe et attrayant, bien portant, et ce d'autant plus que la terre aura été bien aérée, recouverte de mulch pour éviter les rigueurs des grosses chaleurs et permettre une pleine activité microbienne du terrain.

Notre organisme est très semblable à une plante : son élan, sa vitalité, sa résistance aux maladies dépendent beaucoup des conditions de la terre qui le nourrit. Mais qu'est-ce au juste que cette terre ?

Une plante dresse ses feuilles vers le ciel et plante ses racines dans la terre.

Si l'on transpose à l'homme, dont une des caractéristiques est la mobilité, il a fallu retirer les racines du sol et intérioriser ce système : la terre de l'homme est son bol alimentaire (aliment-terre) et ses racines sont les villosités intestinales qui baignent dans ce bol pour y prélever les nutriments utiles. Comme c'était plus facile pour se déplacer, les feuilles ont, elles aussi, été intériorisées. L'ensemble tronc-branches-feuilles est devenu l'arbre bronchique prolongé par les alvéoles pulmonaires. De nombreuses fonctions « feuille » sont restées au niveau de la peau, ce qui nous aide à comprendre son rôle très important.

### La muqueuse intestinale, lieu stratégique

Ce que nous mangeons constitue donc notre terre individuelle, c'est pourquoi l'alimentation est si importante pour notre santé et nous pouvons, au moins en grande partie, la choisir. Ce choix est néanmoins complexe, car situé à la croisée de plusieurs chemins : la satisfaction de notre plaisir, l'apport quantitatif et qualitatif de nutriments correspondant à nos besoins, le respect du fonctionnement de notre tube digestif.

Ce dernier point mérite quelques développements. Notre filière digestive fonctionne comme une chaîne, en partie adaptative, mais il ne faut quand même pas se moquer d'elle. Lors de l'introduction d'aliments ou de constituants non prévus par la nature (certaines molécules de synthèse, certaines molécules déformées par des cuissons violentes ou dénaturées par des opérations chimiques ou physiques…), le système va réagir, s'abîmer un peu, comme s'il se salissait, mais ce n'est pas visible. Or, il est navrant que les salissures intestinales ne se voient pas et que nous leur accordions de ce fait si peu d'attention, comparativement au soin (très souvent abusif et nuisible) apporté à notre peau pour qu'elle paraisse propre. Si nous accordions à nos intestins le dixième de l'attention accordée à notre peau, nous serions en bien meilleure santé. Si seulement nous pouvions voir nos intestins ! On sent bien les effets de leurs dysfonctionnements : ballonnements, troubles du transit, langue chargée, parfois douleurs, mais on n'y fait guère attention… c'est tellement banal. Et pourtant, la muqueuse digestive est fragile et complexe, surtout au niveau de l'intestin grêle : une nappe d'environ 100 mètres carrés, extrêmement fine (20 à 30 microns), faite d'une rangée de cellules jointives si tout se passe bien, et protégée par un film muqueux. D'un côté le monde extérieur, notre bol alimentaire plus ou moins broyé (d'où l'importance de la mastication), plus ou moins bien préparé par les sucs digestifs, les aliments étant plus ou moins « démontés » en molécules constitutives car ici, nous sommes dans un monde de molécules. C'est à cette échelle-là que la vie s'échange, se donne. De l'autre côté de cette fine pellicule cellulaire, notre milieu intérieur, notre sang, notre système immunitaire toujours aux aguets.

Partout, une activité encore bien plus intense qu'à Rungis au petit matin. Et nous ne voyons rien ! Nous ne sentons rien ! À peine de temps en temps un signe de bien-être ou une plainte très assourdie, car non seulement nous ne voyons pas, mais de plus, nous ne prenons pas le temps d'y porter volontairement notre attention pour comprendre un peu… au moins un peu. Tout ce système est autonettoyant, il fait de son mieux. Mais il faudrait tout de même l'aider, non pas avec des pilules, mais avec un peu d'attention, de tendresse : le laisser se reposer de temps à autre, et lui donner un travail adapté à ses capacités. Ce n'est pas vraiment simple, car c'est individuel et variable selon les moments. Il y a là tout un travail d'écoute que notre intestin nous rendra au centuple. Cette écoute attentive ne demande guère de temps et fournit beaucoup de renseignements. Aucun examen médical n'est aussi riche d'enseignements et c'est cela la vraie prévention. Le recours fréquent aux fibroscopies et colonoscopies n'est qu'un ersatz. Elles permettent seulement de dépister tardivement les conséquences de notre non-écoute.

### La flore intestinale : cent mille milliards de bactéries utiles !

Saisissons bien que l'ensemble flore intestinale/paroi digestive (surtout la muqueuse et son film protecteur de mucines)/système immunitaire digestif forme un ensemble, en permanente interaction, en symbiose de travail. Cet ensemble fonctionnel tire son importance, d'une part de sa situation entre le milieu extérieur, représenté par le bol alimentaire, et notre milieu intérieur dont on peut dire qu'il fait partie ; d'autre part de sa capacité métabolique énorme puisqu'on la compare à celle du foie. Cet ensemble porte le nom d'écosystème intestinal.

La flore comporte de nombreuses espèces différemment réparties selon les lieux du tube digestif, le gros intestin étant le plus habité. L'ensemble constitue une population de cent mille milliards de micro-organismes, dont une partie est dite résidente tandis qu'une autre ne fait que passer. La moitié environ de nos selles est constituée par des micro-organismes morts. La stabilité de la flore résidente est une preuve de l'existence de mécanismes régulateurs, de cette notion d'écosystème ; sa composition, nous le reverrons, dépend en bonne partie de l'alimentation des premières semaines et a une influence sur le développement du système immunitaire digestif. La flore résidente nous accompagne toute notre vie. Ses rôles sont multiples. Elle ne se contente pas de participer passivement à la digestion. Elle synthétise certaines molécules : vitamines B dont sans doute B9 et B12, vitamine K, acides gras volatils dont les butyrates, éléments nourriciers de la muqueuse intestinale, polyamines elles aussi nourricières de l'intestin mais partie prenante en cancérologie comme nous allons le voir bientôt. Elle rend d'autres molécules actives (les isoflavones du soja par exemple sont transformés en principe actif à ce niveau). Elle veille aussi à ne pas laisser s'implanter des micro-organismes qui risquent de créer des maladies, c'est l'effet barrière dû à ses propriétés immunostimulantes, à la gestion du pH de l'intestin et à son action sur le système immunitaire lui-même. L'entretien de cette flore intestinale est donc de toute première importance, d'où l'accent mis sur les probiotiques et les prébiotiques. De quoi s'agit-il ?

## Entretenir la flore intestinale

**Les probiotiques** sont des micro-organismes ingérés vivants qui exercent des effets bénéfiques sur l'hôte par action sur l'écosystème intestinal. Leur effet n'est que transitoire et disparaît rapidement après ingestion. Ils existent sous forme de préparations pharmaceutiques et dans l'alimentation sous forme de produits lacto-fermentés (choucroute...). Le lait caillé naturellement en est un prototype, le yaourt une copie familiale ou industrielle.

**Les prébiotiques** sont des ingrédients alimentaires qui stimulent sélectivement la croissance et/ou l'activité de bactéries naturellement présentes dans le côlon. Il s'agit surtout de l'inuline du topinambour et des autres légumes de la famille des composées: artichaut, cardon, chicorée, pissenlit, salsifis, scorsonère et de fructo-oligosaccharides de nombreux légumes (ail, oignon, choux, asperge...). Il semble également démontré qu'une petite partie de l'amidon des céréales – l'amidon dit «résistant» – et que les oligosaccharides des légumineuses ont une action prébiotique. Une grande marque de sucre vient de commercialiser un mélange fait de 83% de saccharose et de 17% de fructo-oligosaccharides de betteraves en le présentant comme une innovation nutritionnelle... le problème est que mettre un peu de bon bordeaux dans un mauvais vinaigre n'aboutit qu'à gâter le bordeaux!

Il est clair que les antibiotiques, si largement distribués en particulier chez les enfants, perturbent fortement l'écosystème intestinal.

### Un équilibre lié au contenu de notre assiette

Si le bol alimentaire est constitué n'importe comment, en dépit du bon sens, en dépit des sensations qui pourtant nous avertissent, tout ce merveilleux système va peu à peu se modifier et se détériorer:

• Dans le tube digestif, pullulation microbienne indésirable, perturbation de la fonction digestive, formation de conglomérats moléculaires qui vont piéger des minéraux et des oligoéléments, production de fermentations qui vont irriter les muqueuses;

• La paroi, elle, va se congestionner, sécréter anormalement. Le film muqueux protecteur va se modifier dans sa structure et dans ses fonctions. Les cellules vont s'écarter un peu donnant lieu à des brèches (comme une digue qui se lézarde) et vont laisser entrer des éléments imprévus. Les transporteurs ne vont plus pouvoir faire correctement leur travail, des molécules ou des fragments de molécules vont pénétrer de façon anormale. D'autres, à l'inverse, qui auraient dû pénétrer ne vont pas le faire;

• **À l'intérieur,** le système immunitaire, fortement représenté dans cette zone, va se fatiguer et les défenses générales de l'organisme vont diminuer. La présence de molécules ou fragments de molécules (alimentaires et/ou bactériens en particulier) va créer des réactions antigènes-anticorps d'où vont naître de multiples désordres : maladies allergiques et auto-immunes (beaucoup d'allergies respiratoires ou cutanées ont leur origine dans le fonctionnement intestinal). D'autres molécules ne créeront pas de réaction immunologique, mais encombreront l'organisme comme un corps étranger. Il va essayer de les enkyster dans certains lieux en fonction d'une logique que nous ne comprenons pas encore bien mais constatons aisément. Il s'efforce ensuite de les éliminer : beaucoup de rhumes ou bronchites, d'écoulements en général ne sont que des systèmes d'élimination relevant de ce mécanisme ;

• **À distance,** le métabolisme général va être déréglé : surpoids, dérèglements hormonaux, troubles du sommeil, acidose du milieu intérieur… et tous les organes vont s'en ressentir, y compris et peut-être surtout le cerveau. Car l'espèce de vague nutritive qui débute dans l'intestin va passer dans toutes les parties du corps et y déterminer un fonctionnement d'autant plus perturbé que sa nature même sera plus viciée et trouble. Voilà des siècles que la médecine ayurvédique a fait du côlon le grand régulateur de l'élément « vent », élément dont la perturbation génère de nombreux troubles, en particulier du système nerveux. Par une autre voie que la nôtre, ils avaient déjà repéré l'importance majeure d'un bon fonctionnement intestinal. La comparaison avec l'air des grandes villes permettra de mieux saisir ce qui se passe. Il a fallu des années, des décennies de pollution aérienne (usines, voitures), pour que peu à peu l'air se modifie. Au départ, on se moque des alarmistes qui attirent l'attention, qui montrent le risque. Et puis on continue encore et encore… jusqu'au jour où, dans des conditions particulières (chaleur, absence de vent…), les méfaits deviennent évidents. Au début, seuls les gens fragilisés en pâtissent, mais à force de continuer, bientôt tout le monde en souffre plus ou moins. Il en va de même pour notre milieu intérieur extrêmement tolérant, jusqu'à un certain point…

Tout cela commence maintenant à être décrit en biologie, et ce qui n'était voilà encore quelques années qu'hypothèses commence à rentrer dans le champ des explications rationnelles, voire « scientifiques ».

Pour toutes ces raisons il importe, sans devenir maniaque ou obsessionnel, de faire attention à notre écosystème intestinal, donc à notre alimentation, c'est-à-dire respecter notre terre individuelle, ce qui d'ailleurs va de pair avec le respect de notre terre collective.

## Le lait, un mauvais aliment ?

### L'alimentation moderne et ses déséquilibres

Tous les experts sont d'accord : l'alimentation moderne présente quelques déséquilibres majeurs qu'il faudrait corriger.

• **Excès global de protéines,** surtout animales. Notons que les molécules protéiques sont à l'origine des allergies et que l'hyperconsommation actuelle est sûrement en rapport avec la vague croissante d'allergies, et ce d'autant que les protéines sont dénaturées à tous les niveaux des chaînes de production et de conservation. On commence, aussi, à accuser de plus en plus les protéines d'être à l'origine des troubles vasculaires, car la dégradation des parois artérielles semble commencer par une irritation de la couche cellulaire interne des vaisseaux par les protéines glyquées (liées au sucre en excès dans le sang) ou l'excès d'homocystéine, puis interviennent le rôle des réactions cellulaires et celui des graisses. On sait aussi qu'en excès les protéines favorisent la cancérogenèse.

• **Excès de consommation de sucres dits « rapides »** ou à mauvais index glycémique (céréales raffinées ou blanches, et surtout sucres raffinés blancs ainsi que toutes sortes de sucreries). Déficit de consommation de sucres dits « lents » ou à bon index glycémique (en particulier céréales non raffinées et légumineuses, fruits mûrs). Notre système musculaire et plus encore notre cerveau « fonctionnent au sucre ». Mais pas tout à fait de la même façon selon le sucre fourni.

• **Excès de graisses,** en particulier saturées ou trans et consommation insuffisante d'acides gras mono- et polyinsaturés (huile d'olive et autres huiles de première pression à froid ou, mieux encore, fruits et graines oléagineuses, prégermées de préférence). D'où les problèmes de poids, de détérioration vasculaire et de perturbation des grands métabolismes.

• **Insuffisance de fibres alimentaires**, et nous retrouvons là l'absence de céréales complètes ou semi-complètes et de légumineuses, ainsi que l'insuffisance de fruits et légumes, premières sources de vitamines, minéraux et oligoéléments et ce d'autant plus qu'ils seront de culture biologique.

• **Insuffisance des molécules dites protectrices ou bioactives,** non strictement nutritionnelles mais jouant un rôle important dans nos métabolismes, comme les polyphénols et autres molécules biostimulantes dont on commence à entrevoir de mieux en mieux l'importance, et qui redonnent une place de choix à l'alimentation végétale.

• **Excès de substances étrangères ou xénobiotiques** (pesticides, polluants ménagers ou industriels). On commence seulement à entrevoir certains de leurs effets nocifs à long terme, notamment sur la fertilité masculine et les défenses immunitaires.

### Le lait, face à ces déséquilibres

Face à ces erreurs, voyons la place du lait et de ses dérivés.

• Apport important de protéines : trois fois plus pour le lait de vache que pour le lait de femme... De plus, les caséines floculent en gros grumeaux et ne favorisent pas la digestion gastrique. Leur composition en acides aminés (excès de méthionine notamment) explique leur effet cardiovasculaire néfaste et leur probable action en cancérogenèse. Les protéines solubles du lait sont allergisantes et immunisantes par différentes voies, immédiates dans certains cas ou retardée dans d'autres. C'est un des principaux allergènes de la première enfance. En petite quantité, ces produits peuvent cependant rendre service aux végétariens et aux personnes ne pouvant pas acheter de produits animaux plus onéreux et ne sachant ou ne pouvant pas utiliser les combinaisons céréales complètes-légumineuses ou oléagineux.

• Apport de graisses en quantité importante (36 à 38 grammes par litre) pour le lait entier. Plus concrètement, cela veut dire qu'un enfant (ou un adulte), en buvant un litre de lait, mange l'équivalent de trois à quatre morceaux de beurre de 10 grammes ! Ce sont des graisses essentiellement saturées ou trans ne présentant aucun avantage, et surtout pas celui de leur apport en vitamine D et A, vu la quantité minime que cela représente effectivement dans les conditions actuelles de production. D'ailleurs, pour les laits maternisés, on les enlève totalement pour les remplacer par des graisses végétales.

• Un sucre, le lactose, a un bon index glycémique mais crée des irritations dans l'intestin, car il est mal digéré par la plupart d'entre nous après l'âge de deux à trois ans, en raison de la diminution d'activité de la lactase, l'enzyme permettant la digestion du lactose. En l'absence de lactase, la flore peut suppléer dans une faible mesure, mais elle est très rapidement débordée en cas de consommation importante. Cette intolérance habituelle au lactose explique bon nombre des troubles digestifs en rapport avec la consommation de produits laitiers. Par ailleurs, l'ingestion de lactose est maintenant incriminée de façon précise dans la genèse des cataractes.

• Absence totale de fibres alimentaires.

• Absence de molécules bioactives, hormis les ferments lactiques présents dans les produits fermentés.

• Dans la pratique quotidienne, l'ensemble de l'alimentation est d'autant plus perturbé que la consommation de produits laitiers amène de plus à consommer beaucoup de sucres ajoutés qui, à la différence du lactose, ont un mauvais index glycémique.

> **Le seul intérêt réel des produits laitiers est leur richesse en calcium. Mais, pour ingérer, sous forme de lait, 1 gramme de calcium dont le tiers environ sera absorbé, il faut aussi ingérer 30 grammes de protéines, 40 grammes de mauvaises graisses et 40 grammes de lactose.**

Si les graisses peuvent être éliminées dans les produits écrémés, les protéines, elles, sont incontournables, et le lactose l'est en partie seulement (nous le reverrons, certains produits sont moins riches en lactose que d'autres). Si vous vous contentez d'un laitage par jour, soit environ 150 à 250 milligrammes de calcium, les apports obligatoires conjoints se situent dans la limite du raisonnable, quel que soit le produit choisi. Or, comme nous l'avons vu, d'autres sources de calcium ne manquent pas ; diversifions donc les sources.

Tout cela met clairement en évidence que les produits laitiers vont dans le sens des déséquilibres actuels. Et si une faible consommation de ces produits dans des repas ne comportant pas d'autres produits animaux peut être conseillée ou admise, une consommation importante ne peut qu'aggraver les problèmes nutritionnels d'aujourd'hui.

## Le lait et les cancers du sein et de la prostate

### Des cancers en constante augmentation

La réalité est dure, mais simple : si on enlève les cancers du poumon (tabac, pollution), les cancers vedettes sont ceux du sein et de la prostate. Leur apparition comme leur évolution sont très liées au statut hormonal de notre organisme, en particulier à l'équilibre des hormones sexuelles œstrogènes ou féminines, androgènes ou masculines ; ils sont, pour cette raison, dits « hormono-dépendants ». Tous deux sont extrêmement fréquents et responsables de nombreux décès chaque année. Leur nombre va croissant malgré les progrès des traitements. La cause semble introuvable, mais de très nombreux éléments prouvent que la consommation de lait et de ses dérivés participe au phénomène.

> Dans les pays industrialisés, une femme sur huit a, a eu ou aura un cancer du sein. Avec 250 000 nouveaux cas par an en Europe, ce cancer est en progression permanente (+ 60 % en 25 ans, le dépistage de masse n'expliquant pas tout). Il reste grave avec 30 % de mortalité à 5 ans.

Sans être strictement superposables, les données épidémiologiques concernant le cancer de la prostate chez l'homme sont très semblables (mis à part surtout le fait de la susceptibilité beaucoup plus importante pour les hommes ayant une peau noire).

> Le cancer de la prostate est le plus fréquent des cancers masculins après cinquante ans ; il est responsable d'environ 9 000 décès annuels en France.

Ces deux cancers sont influencés par l'alimentation et très corrélés à la consommation de produits laitiers.

**Le lien avec la consommation de produits laitiers**

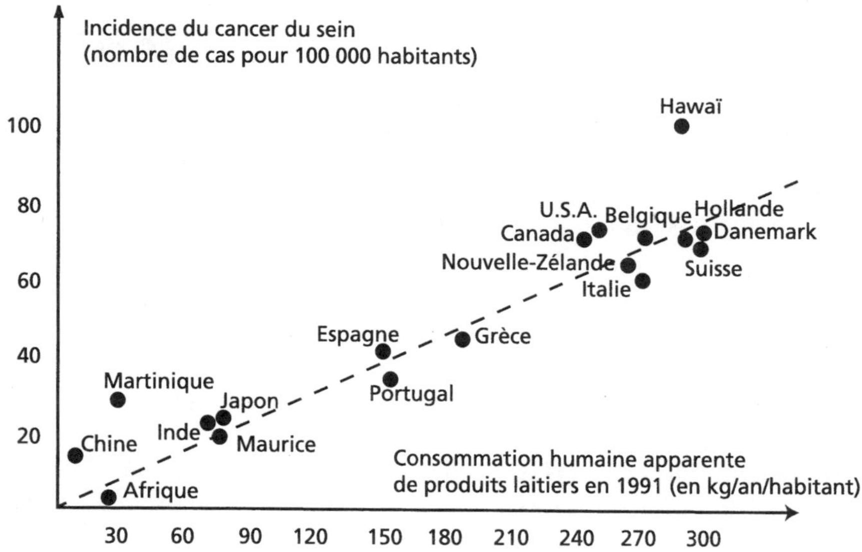


Ce graphique est établi à partir de données publiées dans les livres du docteur Nogier et avec son aimable permission (voir en bibliographie).

S'il est clair que l'on ne peut tirer des conclusions définitives de ces chiffres, le moins que l'on puisse dire est qu'ils nous interpellent. D'autant plus que, dans certains pays, l'étude par région met en évidence une disparité tout à fait analogue : les régions plus fortes consommatrices sont plus atteintes. Par ailleurs, l'étude de l'évolution dans le temps pour une même région montre un parallélisme entre l'augmentation de la fréquence de cette affection et l'augmentation de la consommation de produits laitiers. Il en va de même pour le cancer de la prostate.

Les seuls animaux domestiques à consommer régulièrement des produits laitiers (parce qu'on leur en donne !) sont le chat et le chien. Ce sont les seuls à avoir des cancers de la mamelle.

Le lien est d'ailleurs particulièrement net lorsque les études considèrent la consommation des protéines du lait et non pas des graisses du lait.

Les Asiatiques ayant conservé leur alimentation traditionnelle sont épargnés par ce type de cancer et présentent, par contre, le même taux que nous, après adoption du mode de vie occidental. L'incidence de ces cancers est en expansion considérable en Asie, en particulier au Japon, au fur et à mesure que le style de vie occidental est adopté. Il est clair que la prévention passe par une modification profonde de nos comportements alimentaires. Le régime protecteur présente quelques grandes caractéristiques :

• Place importante des végétaux, pas seulement fruits et légumes, mais aussi céréales et légumineuses complètes, tous ces aliments apportant des substances protectrices, aussi appelées bioactives, qui aident la vie ;

• Pas de produits laitiers de vache (qu'il s'agisse du régime asiatique ou du crétois) et pas de gluten pour l'asiatique ;

• Participation modeste des produits animaux, avec une préférence donnée aux produits marins ;

• Peu de calories vides, donc pas ou peu de sucres rapides ;

• Peu de tabac et d'alcool ; dans cette catégorie de grands toxiques, il faut ajouter les aliments sucrés. Les sociétés traditionnelles ne connaissent pas le saccharose et les sucreries, ou peu, les jours de fête. Le régime du berger crétois ou de l'Asiatique ne comporte pas de sucre. Le soja, dont on parle tant aujourd'hui, n'est jamais consommé sucré dans les pays asiatiques.

### Des explications possibles

Plusieurs hypothèses peuvent être avancées pour expliquer cela. Elles s'entremêlent, ce qui est logique puisqu'il ne s'agit, en quelque sorte, que de la dissection d'un phénomène unique. Nous allons envisager cinq pistes, sans avoir la prétention d'être exhaustif. Les phénomènes de dérégulation immunitaire sont envisagés avec les maladies auto-immunes.

- Les facteurs alimentaires ;
- L'excès de méthionine ;
- La voie des facteurs de croissance ;
- Les facteurs hormonaux classiques ;
- L'effet préventif et inhibiteur des phyto-œstrogènes.

**Les facteurs alimentaires**

Nous les évoquons juste pour mémoire, car nous en avons déjà parlé et nous en reparlerons. Mais les carences en anti-oxydants (vitamines A, E, C en particulier), et la fourniture de mauvais acides gras, saturés ou trans, constituent un facteur général aggravant. Insistons également sur l'existence de substances xénobiotiques à action de type œstrogénique, liées à la pollution ambiante, et véhiculées en particulier par les graisses du lait.

**L'excès de méthionine et les polyamines**

Ces dernières (putrescine, spermidine, spermine) sont des molécules réglant en partie la vie cellulaire et modulant en particulier l'activité des protéines. Elles sont liées à la vie cellulaire normale, aussi bien sur le plan structurel (membrane cellulaire, squelette cellulaire) que fonctionnel. Elles sont impliquées en particulier dans tous les phénomènes de croissance et de dialogue organisme maternel/développement harmonieux de l'organisme de la progéniture, particulièrement pour les défenses immunitaires et la croissance de la muqueuse intestinale. En pathologie, les polyamines sont très impliquées en cancérologie, en particulier dans les cancers hormonaux-dépendants. Les sources de polyamine proviennent en partie de l'extérieur (alimentation, fermentations intestinales) et de l'intérieur, c'est-à-dire du métabolisme cellulaire. Une des voies d'entrée dans le métabolisme des polyamines est la méthionine, acide aminé très présent dans les caséines du lait de vache, puisque ces dernières sont choisies expérimentalement pour tester les effets d'une alimentation riche en méthionine. Certaines études animales mettent en avant la pauvreté relative en méthionine des protéines de soja pour expliquer les bénéfices obtenus dans l'évolution de certains cancers. Il apparaît donc très probable qu'un régime riche en produits laitiers favorise une augmentation de la synthèse des polyamines et participe ainsi à la formation de processus tumoraux. Par ailleurs, la flore intestinale est, en fonction de sa composition, une source éventuelle de polyamines. On sait qu'une diminution des polyamines a une action bénéfique sur la décroissance tumorale, surtout si elle est importante. Une élimination complète de ces substances est un facteur thérapeutique qui améliore l'effet des traitements médicamenteux anti-œstrogénique.

**Les facteurs de croissance**

Nous avons déjà parlé des facteurs IGF-1 et 2, EGF, qui sont aussi des molécules normales de la vie cellulaire et dont l'implication dans les cancers hormonaux-dépendants est très bien documentée. Comme pour les polyamines, des modifications des taux circulants de ces facteurs ont une incidence sur les phénomènes de croissance cellulaire. Il est prouvé que les facteurs présents dans le lait de vache sont semblables aux facteurs humains, qu'ils traversent la barrière intestinale et qu'ils sont actifs dans l'organisme qui les a ingérés. Nous ne connaissons pas en France le problème des injections d'hormones utilisées aux États-Unis pour stimuler la production laitière ; ces injections augmentent encore le taux d'IGF-1 ; souhaitons que cette perversion supplémentaire des moyens de production reste interdite chez nous et le soit partout dans le monde. En contre-expérience, on sait que le tamoxifène prescrit comme antagoniste œstrogénique dans le traitement des cancers du sein (commercialisé notamment sous le nom de Nolvadex) agit en diminuant le taux d'IGF-1, ce qui confirme le rôle de ces facteurs. Ces mêmes facteurs de croissance ont une importance majeure pour les tumeurs prostatiques et d'ailleurs aussi le cancer du côlon (IGF-1 dans ce cas particulièrement). Le lien direct avec la consommation de produits laitiers a été établi dans plusieurs études.

**Les facteurs hormonaux classiques**

En évoquant les facteurs hormonaux classiques, nous voulons parler des œstrogènes et des androgènes en particulier. Pour le cancer du sein, nous savons que le lait apporte des œstrogènes en quantités d'autant plus importantes que l'alimentation actuelle à base de maïs ensilé augmente leurs taux chez les vaches laitières. Les races retenues pour produire du lait le sont notamment à cause de leur déséquilibre hormonal, qui favorise la production et nous vaut ce triste tableau de vaches aux mamelles dilatées, d'une lourdeur et d'un volume non physiologique, leur donnant une démarche pénible. Ces vaches sont en état d'hyperœstrogénie, nécessaire pour la synthèse mammaire du lait. Tous ces facteurs concourent à augmenter le niveau d'hormones dans le lait. Rappelons de plus l'existence dans le lait de substances à action œstrogénique liées à la pollution ambiante.

**L'effet préventif et inhibiteur des phyto-œstrogènes**

On ne peut pas remplir un panier plein. Il en va de même en alimentation. Quand une famille d'aliments occupe la place, l'espace restant pour les autres est plus restreint. Or, il est maintenant bien démontré qu'une alimentation végétale est riche en principes protecteurs, dont les phyto-œstrogènes, lesquels ont une action préventive sur les tumeurs hormono-dépendantes. Cela est bien établi, aussi bien en laboratoire par l'expérimentation animale, que chez l'homme par des études épidémiologiques. Les études sont aussi nombreuses pour la prostate que pour le sein. La protection végétale est aussi efficace pour l'un que pour l'autre, ce qui amène à penser qu'en pathologie, les œstrogènes du lait ou plus largement ses facteurs hormonaux sont aussi nocifs pour la prostate que pour le sein, et que d'ailleurs pour toutes les tumeurs hormono-dépendantes. Presque toutes les études parlent actuellement des protéines de soja. Mais il ne faut pas perdre de vue que de très nombreuses plantes contiennent des phyto-œstrogènes. Si, pour la mise en évidence des phénomènes, il est intéressant d'utiliser une plante plus particulièrement pour des raisons de commodité, il serait dommage que cette expérimentation fasse oublier la biodiversité, le caractère ubiquitaire de ces hormones et des substances bioactives en général dans le monde végétal. De plus, les phyto-œstrogènes ne sont sûrement pas les seuls facteurs végétaux expliquant le caractère bénéfique des substances végétales. D'autres moyens d'action sont liés à des interférences avec des systèmes enzymatiques, avec la présence de complexes vitaminiques ou anti-oxydants, comme par exemple le lycopène pour la prostate... Ne favorisons pas la « pensée unique » comme elle est en train de se profiler, fortement poussée par les lobbies du soja.

Ces différentes pistes permettent aussi de faire la part de ce qu'apporte l'agriculture biologique et de ce qu'elle ne peut pas apporter. S'il est clair qu'une alimentation animale saine, une production non intensive, la non-utilisation de xénobiotiques régulent certains facteurs et améliorent donc les choses, il n'en reste pas moins que certains éléments sont incompressibles (méthionine, facteurs de croissance et hormones...), et que dans ce domaine, l'amélioration apportée par ce type de production n'est que partielle. Même avec des produits laitiers biologiques, une consommation modérée devrait rester de mise, car le corps peut réguler dans une certaine mesure, mais il est vaincu par un excès habituel, la notion d'excès n'étant pas d'ailleurs la même pour tous.

### Une observation clinique

Dans bien des cas, les batailles de publication ne permettent pas d'y voir vraiment très clair et surtout nous dépossèdent complètement du sujet en en faisant une histoire de spécialistes, d'où l'intérêt d'observations cliniques.

De nombreuses femmes souffrent de douleurs mammaires prémenstruelles dites mastodynies. Ces douleurs sont considérées en médecine occidentale comme un signe d'hyperœstrogénie relative et sont traitées comme telles. Avant la ménopause, on prescrit un progestatif pour rééquilibrer le rapport œstrogène/progestérone, et donc faire disparaître l'hyperœstrogénie relative. Après la ménopause, on conseille aux femmes chez qui le traitement hormonal induit ce symptôme de diminuer les prises d'œstrogène ou d'augmenter ou changer les progestatifs, autant pour leur confort immédiat que pour éviter l'éventuel risque de cancérisation à long terme. Or, il se trouve que chez de nombreuses femmes (pas toutes), ces mastodynies disparaissent avec l'arrêt de la consommation de produits laitiers, l'arrêt devant être total pendant au moins trois mois. Il semble logique de penser que la consommation de produits laitiers induit un état d'hyperœstrogénie relative chez un nombre non négligeable de consommatrices. Comme nous l'avons montré précédemment, les vaches actuelles présentent le même type de déséquilibre hormonal. Le fait que certaines femmes puissent boire du lait et ne pas avoir de mastodynies confirme simplement que nous ne réagissons pas tous de la même façon. Au moins, celles qui présentent ces mastodynies lacto-dépendantes devraient en tenir compte.

La vraie question surgit alors quand on sait que l'hyperœstrogénie relative est un des grands facteurs de risque de cancer du sein. Les produits laitiers créant des pathologies bénignes en rapport avec l'hyperœstrogénie, on ne peut exclure qu'ils soient également à l'origine de pathologies malignes comme le cancer du sein. Il est de toute façon admis que les femmes porteuses de pathologies bénignes ont un risque multiplié par trois ou par quatre de développer un cancer du sein.

Par le biais de cette observation clinique, nous rejoignons les conclusions du docteur Nogier dans son livre *Ce lait qui menace les femmes*. Mais on pourrait aussi dire « Ce lait qui menace les hommes », car si le mécanisme est vrai pour le sein, on ne voit pas pourquoi il ne le serait pas pour la prostate, comme de nombreuses études nous le suggèrent fortement.

## Une étude peu convaincante

Dans cette discussion, la seule étude qui aurait prouvé l'inverse résulte du suivi d'une cohorte de femmes finlandaises, parmi lesquelles il a été constaté que celles buvant beaucoup de lait avaient moins de cancers du sein que celles en buvant peu. Curieusement, dans la même étude, cette relation n'est retrouvée pour aucun autre produit laitier, ni les fromages, ni le lait fermenté ou les yaourts, ni le beurre. Ce phénomène est considéré par les auteurs eux-mêmes comme une énigme, d'autant que seul le taux de lactose est inversement corrélé avec la fréquence du cancer du sein. Le lait est le produit le plus riche en lactose, c'est aussi le moins concentré en protéines, or ce sont les protéines qui sont incriminées dans la genèse des cancers.

Quoi qu'il en soit, cette étude mérite certes de l'attention mais reste sans grande signification puisqu'elle est contredite par la pluspart des autres.

Un autre intérêt de cette étude est qu'elle a trouvé, elle, malgré tout cela, des échos médiatiques aussi extraordinaires que peu nuancés du genre « Les produits laitiers protègent du cancer du sein », ce qui n'étonne plus quand on sait qu'elle a été présentée dans un colloque organisé par une société savante très liée à l'industrie laitière. Cet organisme « d'information » a, souvent, une façon assez particulière de présenter les choses ; en voici un exemple tiré d'un numéro spécial et récent d'*Impact Médecin* :

300 mg de calcium = 1/4 de litre de lait (1 bol) ou 2 yaourts ou 300 g de fromage blanc ou 40 g de fromage type saint-paulin ou 30 g d'emmental, ou encore 4 kg de viande de bœuf, 1 kg d'oranges, 1 chou vert de 850 g, 5 baguettes, 3 litres d'eau du robinet.

Si avec cela vous n'êtes pas persuadés que la seule issue possible est représentée par les produits laitiers, c'est vraiment que vous avez une forte personnalité. Or, ce type de message est très largement diffusé, notamment en direction des écoles ! Les médias concourent largement au succès des produits laitiers.

Pour clore ce chapitre et constater à quel point l'attitude des médecins et des diététiciens par rapport aux produits laitiers est curieuse, disons quelques mots du livre du docteur Arnot *Comment réduire les risques de cancer du sein par l'alimentation*, best-seller aux États-Unis et préfacé, dans sa version française, par un éminent cancérologue.

Après avoir développé pendant 250 pages un programme alimentaire général bien connu de tous ceux qui s'intéressent à l'alimentation saine, avec quelques notes originales sur le soja et surtout le lin, l'auteur détaille deux régimes sélectionnés comme exemples à suivre. Comme par hasard, il s'agit du régime asiatique et du régime crétois, dans leur version traditionnelle bien sûr. Ils sont décrits avec minutie, on n'y trouve pas de produits laitiers (sauf un peu de fromage frais de chèvre dans le régime méditerranéen), mais cette absence n'est jamais soulignée ! Un extraordinaire non-dit ! De même, si l'on poursuit l'étude détaillée des recettes préconisées, on constate l'inexistence ou presque des produits laitiers dans les recettes asiatiques, et une présence très modeste dans les exemples méditerranéens. Un des éléments primordiaux de ces alimentations, à savoir l'absence de produits laitiers issus de la vache, est donc totalement occulté ! Comme souvent, le lait n'est pas blanc mais transparent !

## Le lait et les pathologies vasculaires

### Protéines et matières grasses du lait dans le collimateur

Depuis longtemps, les graisses du lait sont accusées d'augmenter le mauvais cholestérol (LDL) et de participer à la formation des plaques d'athérome. Cette participation est liée à leur richesse en acides gras saturés et trans. Après ingestion de produits laitiers, ces acides gras sont présents dans le sang circulant et participent à la détérioration de l'endothélium artériel (la tunique interne en contact avec le sang) s'il est irrité ou lésé. Le détail de leur mécanisme d'action est maintenant bien connu et nous ne nous étendrons pas sur ce sujet, le procès des graisses du lait n'étant plus à faire. Notons que pendant des années, elles ont tellement occupé la scène qu'elles ont permis d'occulter les méfaits liés aux protéines, et l'on était persuadé d'éviter tous les ennuis cardiovasculaires en prenant des laitages à 0 % de matière grasse. Ce qui n'est, hélas, pas vrai.

Depuis quelques années, il est de mieux en mieux prouvé que la lésion artérielle initiale est causée essentiellement par les protéines, et ce par différents chemins. L'un d'entre eux, l'hyperhomocystéinémie, va d'abord retenir notre attention. Cette affection est actuellement reconnue comme un facteur de risque cardiovasculaire indépendant, même lorsque l'augmentation sanguine du taux d'homocystéine est modérée. Il n'atteint pas tout le monde, mais participe de façon importante aux différentes pathologies vasculaires. L'homocystéine est un acide aminé produit par la déméthylation intracellulaire de la méthionine. Normalement elle est reméthylée en méthionine par une enzyme et donc ne s'accumule pas. Dans certaines circonstances génétiques et en cas d'excès d'apport régulier, cet acide aminé s'accumule dans la circulation. L'augmentation de son taux entraîne à tout âge un risque cardiovasculaire important et indépendant des autres risques comme le tabac, l'hypercholestérolémie, la sédentarité… le risque se situant à tous les niveaux, coronaire, cérébral et périphérique. Ce trouble occasionne des affections athéromateuses et thrombo-emboliques au niveau artériel et veineux. Vaste programme ! Le lait de vache est beaucoup plus riche en méthionine, environ huit fois, que le lait de femme, bien que, comparée à la protéine de l'œuf, la méthionine constitue son facteur limitant. Il se trouve d'ailleurs que l'on utilise les caséines du lait pour créer expérimentalement des hyperhomocystéinémies en laboratoire comme le confirme une série d'études récentes menées par une équipe française et publiées dans des revues américaines.

En 1995, la revue *Circulation* publie un article rendant compte d'effets thérapeutiques de certains médicaments sur une hyperhomocystéinémie expérimentale. Les auteurs utilisent des petits cochons de Göttingen, qui ont la particularité de garder un taux plasmatique élevé de méthionine après les repas si leur ration est riche en cet acide aminé. Ces animaux sont répartis par groupe de huit et reçoivent pour certains une alimentation enrichie en méthionine, pour d'autres une alimentation normalement riche en ce nutriment. Après quatre mois, tous les cochons sont sacrifiés et l'on compare très précisément les lésions cardiovasculaires des différents groupes. Les différences sont extrêmement importantes.

Ceux dont le régime était riche en méthionine sont très atteints : leur taux plasmatique d'hyperhomocystéinémie est élevé, surtout les lésions artérielles sont majeures, exactement similaires aux lésions humaines de personnes ayant un taux élevé d'hyperhomocystéinémie ; environ le quart de ces animaux présentent des affections cliniquement évidentes, voire mortelles.

Ceux dont le régime était normalement dosé en méthionine restent sains et leur taux plasmatique d'homocystéine normal.

Or, la seule différence d'alimentation entre les groupes est la suivante : pour le régime riche en méthionine, donc très vasculotoxique, les protéines sont apportées par 30 grammes de caséines de lait de vache totalement dégraissé pour 100 grammes de nourriture ; pour le régime normalement riche en méthionine, les protéines sont fournies par 30 grammes de protéines de soja pour 100 grammes de nourriture.

Suite à la publication de cet article, un écho a eu lieu dans le *Quotidien du Médecin,* le 17 mai 1995 ; cet article, dont voici quelques extraits, est intéressant au moins à deux titres.

D'abord par son contenu même, concernant l'action délétère des protéines du lait de vache sur nos artères. « Nous avons donc cherché à savoir pourquoi cette protéine (caséine) était pathologique. » « Il est curieux de voir que les nourrissons nourris au lait de vache ont une hypertrophie des parois artérielles et notamment un épaississement intimal avec une accumulation de protéines associée à l'œdème qui régresse au sevrage. » Comment se fait-il qu'un sujet aussi important ne mobilise pas d'importantes équipes de chercheurs, vu l'importance de la consommation laitière d'une part, des affections cardiovasculaires d'autre part, de la corrélation épidémiologique bien connue entre les deux phénomènes ? « Si on observe la distribution des maladies cardiovasculaires en Europe par rapport à la consommation de lait, il y a une relation qui est directement proportionnelle. Les pays du Nord en consomment beaucoup et présentent une forte incidence de maladies cardiovasculaires. À l'extrême, en Crète, où l'incidence est très faible, la consommation de lait est peu importante... » Cet article date de quatre ans... et en quatre ans, cela n'a pas été infirmé ni confirmé officiellement, alors que les pauvres petits cochons sont déjà très atteints au bout de quatre mois (en réalité les lésions sont présentes au bout d'un mois seulement). Décidément, les produits laitiers bénéficient d'un régime bien spécial !

### Prévenir ou guérir ?

Par ailleurs cet article est symptomatique, jusqu'à la caricature, de l'esprit médical ambiant : le dogme du caractère absolument indispensable des produits laitiers. Sans lait, je meurs. Étonnant. « Il faut toutefois rester prudent, car le lait, et la caséine en particulier, est un facteur alimentaire indispensable. » À tel point que la dernière partie de l'article donne la suite logique : il faut trouver un traitement afin de compenser les effets négatifs. Donc à bientôt les laits supplémentés en médicaments antiméfaits du lait ! Il est probable qu'alors on vantera ces nouveaux laits qui nous sauvent d'un péril blanc, bien noir, et nous permettent de continuer sans arrière-pensée jusqu'à la découverte des méfaits de ces nouveaux produits… mais rassurez-vous, on trouvera un autre traitement…

Peut-être pourrait-on simplement manger autrement, parce que, finalement, les cochons les plus épargnés ne sont pas du tout ceux qui « bénéficient » d'un traitement mais ceux qui ont une alimentation sans caséines de lait ! C'est tellement simple que les « scientifiques » ne le remarquent même pas ou s'en désintéressent totalement. Eux, ils sont sérieux, ils cherchent des traitements.

En juillet 1999, le *Journal of the American College of Cardiology* publie les résultats d'une nouvelle étude avec les mêmes petits cochons, traités cette fois avec de l'acide folique sur lequel d'importants espoirs avaient été fondés pour éliminer les méfaits de l'hyperhomocystéinémie. Le protocole utilisé est le même, les résultats aussi. Les cochons nourris aux caséines de lait, même avec un supplément d'acide folique, sont très atteints ; les autres continuent à trotter. L'intérêt de cette étude est que cette fois les cochons supplémentés en acide folique ont un taux d'homocystéine à peu près normal, ce qui laisse présager que d'autres mécanismes d'action sont probablement aussi en cause.

On ne saurait être plus clair sur le rôle délétère des caséines du lait de vache dans l'hyperhomocystéinémie et ses conséquences vasculaires.

> L'épidémiologie le confirme d'ailleurs, les pays grands consommateurs de produits laitiers sont aussi très atteints par les accidents cardiovasculaires. De nombreuses études mettent en évidence la présence du même phénomène chez les enfants nourris au lait de vache, mais la plupart recherchent le remède au lieu de dénoncer la cause.

Les dernières données épidémiologiques publiées lors du grand congrès de l'American Heart Association (novembre 1999) révèlent que 17% des sujets de moins de vingt ans, sans pathologie cardiaque connue, présentent des lésions d'athéroscléroses avec des plaques constituées. Il y a donc des facteurs très défavorables et très précoces, le tabac, l'alcool et le stress ne suffisant pas à expliquer ce que l'on peut aujourd'hui constater. Tout le monde cite Hippocrate, «Que l'aliment soit votre remède», mais curieusement presque toutes les recherches modernes s'en détournent. Les articles cités ci-dessus en sont une autre preuve.

L'usage actuel du sucre rapide et du lait, conjugué à la diminution qualitative et quantitative de végétaux, semble pouvoir très largement expliquer les faits observés, ce qui nous amène à évoquer un autre phénomène.

### Protéines + Sucre = Danger

Il est très probable que la consommation de laitages sucrés aggrave la toxicité vasculaire des produits laitiers par le phénomène de la glycation des protéines. De quoi s'agit-il? Lorsqu'un excès de molécules de glucose circule dans le sang, elles se lient aux protéines circulantes d'une façon anormale et forment ainsi des complexes où les protéines sont comme piégées. C'est un équivalent de la réaction de Maillard entre sucre et protéines lors de la cuisson. Mais cette fois, la réaction à lieu dans notre sang, c'est une sorte de «caramélisation» à basse température. Non seulement les protéines perdent ainsi leurs fonctions physiologiques normales, mais elles acquièrent des fonctions nocives pour le bon fonctionnement de l'organisme, notamment au niveau de la tunique interne des vaisseaux sanguins qu'elles lèsent, constituant ainsi la lésion initiale qui sert de point de départ ou d'ancrage aux autres phénomènes inflammatoires, métaboliques et immunologiques. C'est l'explication du développement important de lésions vasculaires chez le diabétique méconnu ou insuffisamment équilibré par ses traitements; là aussi, des variations modestes suffisent à créer des dégâts notables. La consommation de laitages sucrés, surtout en fin de repas comportant déjà des produits animaux, réunit toutes les conditions favorables au «bon» déroulement de ce phénomène. La consommation de soja sucré (lait, yaourt, dessert au soja...) risque fort d'avoir le même résultat et doit probablement être évitée de la même façon. D'ailleurs les pays où l'on consomme traditionnellement ce produit, avec semble-t-il des bénéfices importants pour la santé, ne connaissent pas ces produits sucrés. La mode actuelle risque fort de faire perdre beaucoup des bénéfices du soja si nous ne changeons pas nos comportements concernant le **trop** d'une part, le **sucré** d'autre part.

On peut très probablement aller plus loin quant aux méfaits vasculaires des protéines de lait. En effet, si elles sont riches en méthionine, elles sont aussi riches en lysine et pauvres en arginine. Or la lysine favorise l'absorption de tous les acides gras, contrairement à l'arginine. Comme, de plus, les protéines du lait sont la plupart du temps accompagnées des corps gras saturés ou trans, tout est coordonné et très efficace pour détériorer les vaisseaux. Notons que les oléagineux sont, à l'inverse, pauvres en lysine et riches en arginine et ont donc une action bénéfique.

Que penser des femmes ménopausées qui mangent beaucoup de produits laitiers, croyant, sans doute à tort, protéger leurs os, et augmentent ainsi sûrement leur taux d'homocystéine et donc leur risque d'accident cardiovasculaire? Le fait d'opter pour des laitages à 0 % de matière grasse n'avance à rien puisque la toxicité dépend surtout des protéines. Rappelons que les régimes préconisés actuellement dans une optique de meilleure santé (asiatique et crétois notamment) sont très peu lactés.

> Si ses protéines ne sont, elles non plus, pas souhaitables... que reste-t-il du lait?

## Le lait et les maladies auto-immunes

Les maladies auto-immunes constituent un ensemble de maladies complexes, d'évolution variable selon les sujets, certaines très invalidantes, d'autres relativement bénignes. Elles ont en commun le fait d'être multifactorielles, relevant de facteurs génétiques, environnementaux, psychologiques et bien sûr immunologiques. Elles concernent différents mécanismes de régulation physiologique, dont l'étude a donné naissance à une discipline nouvelle : la psycho-neuro-endocrino-immunologie. Il n'est donc pas dans notre propos de dire que le lait et ses dérivés sont la cause de ces affections. Ces produits, par contre, y participent par des mécanismes spécifiques ou non, dont certains sont maintenant connus, d'autres encore incertains. Dans tous les cas, cette participation est attestée par l'amélioration lors de la suppression totale de l'ingestion de produits laitiers et par la rechute lors de leur réintroduction. Elle est par ailleurs souvent confirmée par la présence de signes biologiques directs : anticorps ou signes de mémoire cellulaire (test de transformation lymphoblastique).

Le mécanisme peut être directement lié à la présence même des protéines du lait : le corps fabrique une réponse (un anticorps), dont le but est initialement de neutraliser l'adversaire (en l'occurrence une protéine du lait jouant donc le rôle d'antigène). Il arrive que cette réponse se trompe de cible et ne s'attaque pas uniquement à l'élément que le système immunitaire a défini au départ comme étant étranger, par exemple parce qu'il y a une similitude dans la configuration spatiale de la cible initiale et de l'autre site choisi de façon erronée. Une partie de l'organisme devient alors cible, ce qui donne lieu à des répercussions pathologiques aussi variées dans leur intensité que dans leur localisation. Il peut s'agir d'un tissu glandulaire, comme par exemple certaines cellules pancréatiques dans le cas du diabète, ou d'une partie d'une articulation dans le cas d'une atteinte rhumatismale. Le mécanisme peut aussi être lié aux modifications induites dans l'intestin, qui permettent à certains germes ou certaines parties de germes de devenir antigéniques. Tous ceux qui veulent faire le point des connaissances actuelles sur le sujet pourront consulter le livre du docteur Seignalet, à ma connaissance le plus documenté à ce jour et très pédagogique.

Si l'amélioration n'est pas obtenue par la suppression des produits laitiers, il faut rechercher un autre aliment protéique susceptible d'entretenir de désordres similaires. Celui qui s'impose après le lait est le gluten, présent dans certaines céréales (surtout blé mais aussi épeautre, avoine, orge et seigle). Les lésions intestinales sont bien connues dans le cadre de la maladie cœliaque. Mais les troubles peuvent être moins patents et tout de même à l'origine de troubles auto-immuns par des mécanismes directs ou/et indirects.

Les principales affections concernées sont :

• Le diabète insulino-dépendant, pour lequel de nombreuses études existent concernant tout particulièrement le lait. Cependant, lorsque les îlots pancréatiques sont détruits, il est clair qu'aucun régime alimentaire ne peut faire régresser la maladie ; on peut au moins limiter les dégâts. L'intérêt ici serait surtout préventif ;

• Des rhumatismes inflammatoires comme la polyarthrite chronique évolutive, la spondylarthrite ankylosante, le rhumatisme psoriasique… ;

• Le syndrome sec ou maladie de Gougerot-Sjogren ;

• Des affections thyroïdiennes : la maladie de Basedow, la thyroïdite de Hashimoto…

La liste est longue et il n'est pas utile d'énumérer toutes les maladies, mais retenons que toute affection auto-immune devrait bénéficier de corrections alimentaires strictes, dont la suppression du lait et de ses dérivés, pendant au moins six mois, pour permettre de prendre une décision à plus long terme. Cette mesure devrait être prise le plus tôt possible pour éviter à des lésions de se constituer. Une approche préventive serait particulièrement pertinente dans les formes familiales et dans le diabète, dès le stade de prédiabète.

## L'apport des médecines traditionnelles

Les médecines traditionnelles – notamment orientales – reposent sur une vision du monde extrêmement précise et complexe permettant de prendre en compte l'influence sur notre physiologie de très nombreux facteurs, climatiques, alimentaires, émotionnels et mentaux. De même, notre terrain de base, y compris son aspect héréditaire, est réellement intégré dans cette démarche médicale. Cette vision, très différente de la nôtre, est au moins aussi respectable. Pratiquement, aujourd'hui encore, elle permet aussi bien de comprendre comment une personne fonctionne ou dysfonctionne que de l'aider à aller vers une meilleure santé. À ce titre, elle fait partie, comme notre médecine moderne, de la pensée médicale de l'humanité. Elle justifie nos tentatives de compréhension, d'autant plus qu'elle permet une réelle démarche préventive.

Très simplement, pour l'aspect qui nous concerne dans cet ouvrage, disons que notre corps est soumis à l'alternance de « saisons » internes analogues aux saisons externes qui se succèdent dans l'année : hiver, printemps, été, automne. Celles ci sont porteuses d'une ambiance climatique, en particulier chaude ou froide, humide ou sèche, venteuse ou non, plus ou moins lumineuse (durée du jour et de la nuit, plus ou moins nuageuse...). La succession de saisons dans un ordre régulier (malgré quelques fluctuations passagères) est à la base de la vie des végétaux et des animaux. S'il y a de trop grands écarts par rapport à l'ordre « normal » il y aura une nécessaire adaptation. Certaines plantes ou certains animaux arriveront à réaliser ces adaptations, d'autres non. Les premiers resteront dans les limites de ce qu'on appelle la santé, les autres seront malades, soit de façon passagère, s'ils arrivent à retrouver leur mode de fonctionnement normal, soit de façon chronique s'ils n'y parviennent pas.

## Aliments chauds et froids, secs et humides

L'observation de la saison externe et de ses conséquences nous paraît bien évidente. Par exemple, il nous paraît logique de rapporter une affection respiratoire saisonnière à un coup de froid humide. Nous sommes moins habitués à observer nos saisons « internes », qui sont déterminées et rythmées en grande partie par notre alimentation, notre activité physique et notre ambiance émotionnelle. Les événements « inhabituels » (psychologiques, physiques etc.) jouant le rôle d'une énergie climatique extraordinaire (comme une grande sécheresse...) que nous allons peut-être pouvoir réguler ou qui, dans le cas contraire, va nous déstabiliser et nous faire entrer dans un mode de fonctionnement vicié. Il ne fait pas partie de notre culture de rapporter un rhume à une consommation excessive de laitages sucrés ou à un excès de rumination mentale. Il ne fait pas, non plus, partie de notre culture de penser que nous produisons des « énergies climatiques internes » analogues aux énergies climatiques externes et que les deux peuvent se manifester éventuellement de la même façon. Les facteurs externes et internes pouvant se neutraliser ou se stimuler mutuellement. En été, un excès alimentaire de produit laitier ne va pas causer de manifestation visible car la chaleur externe va le neutraliser (la chaleur sèche l'humidité), alors que le même excès en hiver pourra donner lieu à une manifestation car l'humidité froide va l'aggraver. Tout cela est très concret et observable : pour continuer avec notre exemple, les rhinopharyngites se calment à la belle saison et s'aggravent dès l'automne et encore plus après les fêtes de fin d'année.

Les traditions orientales placent l'alimentation au centre de la régulation, d'où l'importance dans ces médecines de la diététique. Mais attention, c'est un art : la recherche de l'harmonie avec le milieu environnant, c'est une danse. Les aliments, par leurs saveurs en particulier, mais aussi par leur consistance, leur couleur, leur mode de cuisson… induisent en nous une « ambiance climatique ». L'exemple du piquant et de la chaleur peut être perçu rapidement et facilement après l'ingestion de piment ou d'alcool. Cette chaleur va faire du bien si elle n'est pas excessive à une personne « froide » mais va éprouver une personne « chaude ». Selon son terrain et son histoire personnelle, celle-ci peut devenir exubérante, coléreuse ou du moins agressive, sur le plan physique elle va pouvoir se mettre à tousser, voir faire une crise d'asthme… alors qu'une autre fera un à-coup de tension. Tout cela pouvant être aggravé ou atténué par le climat ambiant psychologique aussi bien que météorologique. Par exemple, en quelques semaines, on peut nettement percevoir sur soi les modifications induites par la prise excessive de sel ou de sucre…

Nous ne mangeons d'ailleurs pas de la même façon selon les saisons, même si les moyens de transport, de stockage et de transformation ont depuis un demi-siècle environ bouleversé nos comportements. La régulation est bien sûr beaucoup plus efficace si l'on mange uniquement des produits locaux et de saison ou des produits conservables facilement et naturellement (céréales, certains fruits et légumes, produits animaux frais...). L'alimentation est en quelque sorte à notre corps (y compris mental et émotionnel) ce qu'est le climat à la terre de notre jardin. Et il est bien clair que le climat n'a pas la même incidence en fonction de la qualité de la terre et des caractéristiques du terrain. C'est ce qu'on appelle aussi le « terrain » en médecine, bien que cette notion ne soit pas encore vraiment reconnue en physiologie occidentale moderne. De toute façon, l'enseignement des traditions orientales est vérifiable quotidiennement, il est toujours d'actualité, car il découle de l'observation même de la vie. La théorie essaye seulement de rendre l'observation compréhensible, elle ne l'enferme pas, elle ne la réduit pas.

## Le lait de vache : humide et frais

Venons en maintenant au fait : pour les diététiques orientales, le lait de vache est un produit de saveur douce qui augmente l'humidité. Il est plutôt frais, donc refroidissant ; en d'autres termes, il augmente l'humidité froide dans nos corps.

Donc, si nous mangeons constamment des produits laitiers issus de la vache, nous allons en permanence « humidifier » et « refroidir » notre corps, ce que certains supportent, d'autres non, car ils n'ont pas assez de feu (digestif en particulier) pour sécher cette humidité. Certains peuvent même en bénéficier, par exemple ceux qui ne sont pas frileux et souffrent même de la chaleur (à ne pas confondre avec ceux ou celles qui ont des accès de chaleur mais sont par ailleurs frileux). Cette notion est fondamentale. Il n'y a pas d'aliment intrinsèquement mauvais (sauf les poisons) ou bon ; les aliments ont des caractères qui améliorent ou aggravent selon les cas, les quantités, les circonstances, les modes de préparation... le terrain de ceux qui les ingèrent. Notons que les produits de chèvre et de brebis n'induisent pas, pour les traditions orientales, la même ambiance climatique que ceux de vache, d'où leurs avantages sur certains plans.

Pour ceux qui n'arrivent pas à sécher cette humidité apportée de l'extérieur (souvent ils y arriveraient en en consommant une petite quantité), se développent, peu à peu, des maladies liées à l'excès d'humidité froide, se traduisant entre autres au premier abord par :

• L'existence de glaires : écoulement muqueux en particulier du nez et/ou de la gorge, ou de la sphère gynécologique. Chez certains, les glaires sont en quelque sorte distillées et apparaissent moins bruyamment et plus lentement sous forme de tumeurs bénignes ou malignes ;

• Une hypersensibilité à l'humidité : douleurs en particulier, mais aussi altération de l'état mental ou frilosité nette en cas de pluviométrie importante ou de vie en milieu humide (maison).

Ces deux points constituent des contre-indications bien codifiées à l'usage des produits laitiers de vache. Les principaux facteurs alimentaires aggravant cela sont :

• Manger trop, c'est-à-dire plus que nécessaire pour subvenir à ses besoins, ce qui est très individuel, mais que chacun peut ressentir aisément ;

• Manger froid ou beaucoup d'aliments de nature froide ;

• Manger trop humide ou boire froid et trop ;

• Manger sucré.

Notre façon actuelle de consommer les laitages est particulièrement nocive, puisqu'elle combine pratiquement tous ces facteurs. Traditionnellement, le lait était consommé chauffé, et souvent agrémenté par des épices ou fermenté. Dans ces différents cas, la préparation (chaleur, saveur piquante ou acide) a pour but d'aider à compenser les éventuels méfaits du produit. De plus, la quantité en était bien moindre qu'actuellement, pour des simples raisons de production et de conservation. Cette nuisance des produits laitiers est limitée par la chaleur sèche, en particulier l'été, et l'on peut alors constater une nette diminution des rhinopharyngites, même chez les jeunes enfants… ce qui n'est pas une raison pour consommer irraisonnablement des glaces à cette saison !

> Retenons surtout que dans les deux grandes traditions orientales chinoise et ayurvédique (Inde, où pourtant le lait est quasiment sacralisé), il existe des contre-indications très bien codifiées à l'usage des produits laitiers de vache, même biologiques, puisque tel était le cas à l'époque, et même en

petites quantités. Ces fins observateurs avaient remarqué ce que chacun d'entre nous va pouvoir constater sur lui-même et sur les autres de façon expérimentale, comme nous allons le voir dans le chapitre suivant. Plus près de nous, les médecines du Moyen Âge transmettent des notions tout à fait similaires, qu'il s'agisse de l'école de Salerne ou de la médecine de sainte Hildegarde.

# L'expérience de suppression

L'expérience est la troisième voie, après l'observation de la nature et l'étude rationnelle de travaux scientifiques, pour comprendre l'impact des produits laitiers sur notre corps. Elle consiste à supprimer pendant un certain temps toute consommation de produits laitiers. Elle a l'avantage d'être directe, simple, peu onéreuse et dénuée de tout danger. Pour nous, qui sommes éduqués à avoir l'impression de comprendre avant d'agir, à connaître en détail le pourquoi avant d'obéir ou d'explorer le comment, cette voie expérimentale est un peu abrupte et insatisfaisante au premier abord. Elle ne donne pas, d'autre part, toutes les réponses intellectuelles que nous aimerions avoir. Heureusement, par contre, le résultat nous apporte assez rapidement un substantiel réconfort.

## Les conditions préalables indispensables

Toute expérience se doit d'obéir à un protocole. Ici, trois facteurs sont importants :

• **La durée :** il faut se donner un temps d'expérience minimum de trois mois ;

• **La rigueur :** il faut être strict, c'est-à-dire supprimer tous les laitages visibles et invisibles (poudre de lait des gâteaux par exemple...). Une exception de temps à autre ne nuira pas (par exemple, en cas d'invitation, mieux vaut passer inaperçu en prenant un petit bout de fromage ou de dessert). Par contre, des entorses régulières rendront les choses beaucoup moins évidentes, surtout pendant cette période. Si vous diminuez les produits laitiers à 80 %, vous n'aurez qu'environ 10 % du résultat. Si vous les diminuez à 90 %, vous n'aurez guère que 30 à 40 %.

C'est souvent là-dessus que l'expérience rate : elle n'est faite en réalité que très approximativement, et les résultats sont en conséquence.

Il est stupide de se priver sans obtenir de résultat, donc supprimez à 100 %, l'exception devant vraiment en rester une. Il est plus facile d'ailleurs de se passer complètement de produits laitiers que de raviver sans cesse ses habitudes en en consommant un peu. Le mécanisme est le même pour tout sevrage (sucre, tabac ou alcool) : l'abstinence complète est plus efficace et plus facile, du moins après une petite période ;

• **Le fait de ne pas remplacer les laitages** par des produits à base de soja est impératif chez les allergiques, car souvent, existent des allergies croisées. C'est également valable pour les produits de soja liquides et sucrés (lait de soja, yaourt au soja, desserts au soja...). On pourra, par contre, consommer des produits fermentés (miso (pâte de soja), soyu ou tamari (sauces de soja), tempeh (soja en grains fermenté)) et du tofu bien cuit en quantité modérée. Ne pas remplacer non plus par des laits de chèvre ou de brebis ou des produits dérivés (fromages ou autres).

Ces trois points étant bien respectés, l'expérience va pouvoir se dérouler dans de bonnes conditions.

Il importe maintenant d'observer correctement ce qui se passe. Faire le point au moins au départ et à l'arrivée s'impose, sinon, c'est très curieux, mais c'est ainsi, l'expérimentateur voit bien ce qui ne va pas mieux, mais oublie totalement les ennuis disparus. Si l'homme est ingrat, l'homme malade ou mal portant l'est encore plus, car obnubilé par ce qui ne va toujours pas, il oublie de voir et de signaler ce qui va mieux.

On pourra faire par exemple un tableau d'observation comme ci-contre, que l'on remplira au départ puis au bout de trois mois ; on pourra faire un point intermédiaire chaque mois par exemple. Outre l'avantage d'améliorer la qualité de l'observation, ce petit travail permettra d'apprendre à regarder son corps avec plus de précision, et de dégager des points de repère pour mieux saisir ce qui améliore ou aggrave son mode de fonctionnement.

| | Au départ | Après 1 mois | Après 2 mois | Après 3 mois |
|---|---|---|---|---|
| État de la langue et de l'haleine | | | | |
| Confort digestif : ballonnements, brûlures, renvois, somnolence après le repas, constipation ou diarrhée… | | | | |
| État des muqueuses respiratoires : toux, écoulements, éternuements, glaires | | | | |
| État de la peau : sèche, boutons, démangeaisons… | | | | |
| Transpiration : importance et odeur | | | | |
| Organes des sens : odorat, gustation, vue… | | | | |
| Qualité du sommeil et du réveil | | | | |
| Confort ostéo-articulaire et musculaire : douleurs, raideur, souplesse, fatigue | | | | |
| Gynécologie : État des muqueuses, pertes blanches, sécheresse, douleurs mammaires, douleurs des règles, régularité des cycles | | | | |
| Tout trouble particulier fréquent non précisé ci-dessus : par exemple hémorroïdes, maux de tête brûlures des pieds la nuit, etc. | | | | |
| Poids | | | | |

## Le déroulement de l'expérience

Les observations préliminaires faites, il ne reste plus qu'à voguer tranquillement. Très souvent, c'est beaucoup plus facile que prévu, on s'en faisait un monde, en fait, c'est assez simple et peu contraignant. Pour ceux qui ont plus de mal, il faut essayer de trouver des plaisirs compensatoires, par exemple davantage de sport ou d'exercices physiques pour ceux qui aiment, mais hélas, souvent ce n'est pas le cas de ceux qui sont en difficulté. Alors, il faut s'aider avec des recettes de cuisine de saveurs douces, des plats engageants sans laitages (comme indiqués dans ce livre). Mais n'abusez pas de recettes complexes ne simplifiant pas la digestion, utilisez plutôt les fruits, surtout cuits ou secs, ou quelques confiseries saines dont peut faire partie, à petites doses, le chocolat noir s'il contient au moins 70 % de cacao.

Il est habituel de perdre de deux à cinq kilos selon les sujets, mais cet aspect du problème n'est pas inquiétant. Pour ceux qui sont en surpoids, c'est tout bénéfice ; pour les maigres, le poids va remonter ensuite et se restabiliser, soit comme avant, soit au pire avec un kilo de moins.

Voici une observation vécue pour vous inciter à la rigueur absolument nécessaire. Jacky C. présente une insomnie invalidante avec le syndrome des jambes sans repos : après quelque temps d'arrêt (le soir ou au lit), les jambes deviennent gênantes, douloureuses, chaudes voire brûlantes et il faut absolument les bouger pour ressentir une gêne moindre. À la première question, il me répond ne pas manger de produits laitiers. Après plus ample information, il consomme entre 60 et 80 grammes de beurre chaque jour ! Deux mois plus tard, disparition du syndrome des jambes sans repos (très souvent lié à la consommation de mauvaises graisses sur un terrain neurotonique). Quelques week-ends plus tard, il va chez sa sœur pendant deux jours, mange plus que d'habitude, mais s'abstient de tout produit laitier. Le lundi soir, il retrouve avec étonnement ses gênes. Renseignements pris, la sœur cuisinait tout au beurre, et généreusement ! Deux jours plus tard, le calme était de retour. Soyez donc très rigoureux, au moins pendant la période expérimentale.

Après trois mois, refaites le même bilan qu'au départ. Mais une précision importante s'impose ici : il ne faut pas confondre être sur le chemin et ne pas avoir atteint le but fixé. Il faut avoir la patience du chemin. Il faut souvent du temps et savoir laisser le temps au temps. Si le trouble qui motive la démarche est ancien ou/et profond, l'objectif ne sera atteint que plus tard, mais dans l'immédiat des améliorations annexes (qui paraissent donc secondaires voire insignifiantes) permettent de savoir que le chemin est le bon et qu'il faut simplement continuer dans la confiance. Ce point est crucial, beaucoup s'arrêtent bien trop tôt.

Si aucun changement n'est perceptible, il est probable que pour l'intéressé, les méfaits du lait sont inexistants ou négligeables. Choisissez la suite en fonction des goûts et des nouvelles habitudes. Cependant, observez bien ce qui se passe au moment de la reprise.

Si les changements sont perceptibles mais pas majeurs (souvent c'est qu'ils ne correspondent pas à l'objectif fixé, à la gêne qui était la plus marquante), il faut reprendre encore trois mois strictement, dans la même direction.

Si les changements sont évidents, mais encore incomplets, ou si tout va bien, alors pourquoi reprendre ? Si le désir de consommer à nouveau des laitages est vif, les réintroduire très doucement, un par un, à petites doses. Cette réintroduction progressive va permettre de bien comprendre deux points importants : d'abord sentir la dose maximale admissible au-delà de laquelle les troubles reviennent ; ensuite mettre en évidence que certains laitages déclenchent plus facilement des troubles que d'autres. Les plus silencieux sont habituellement les fromages de type gruyère, comté, beaufort ou les fromages de chèvre ; les plus explosifs sont le lait et l'immense panoplie des desserts lactés sucrés dont les yaourts et les glaces.

Le dernier piège est la durée. La tendance habituelle est de croire qu'après six mois, on a obtenu ce qu'il était possible d'obtenir comme amélioration. C'est totalement faux. Des années sont nécessaires pour nettoyer le corps dans ses petits recoins. L'amélioration est progressive pendant tout ce temps-là, à peine perceptible au jour le jour, mais effective tout de même. Plus le trouble est ancien, plus le temps de récupération est long, surtout pour les problèmes de glaires. Par exemple, une sinusite chronique datant de dix ans, comme on en voit souvent, demandera trois bonnes années pour être bien nettoyée. Pendant cette période, des épisodes de rechute pourront survenir, moindres qu'auparavant certes, liés soit à des reprises de consommation de produits laitiers, soit à d'autres facteurs (météorologiques, psychologiques...).

> Il ne faut pas se décourager, le travail de remise à neuf demande du temps, de la patience et de la persévérance. Mais notre corps est vivant et autonettoyant si on lui donne des conditions favorables. Après des années de sinusite chronique, il est possible de revivre sans mouchoir !

**Qui peut bénéficier d'une telle expérience ?**

• **Tous les grands consommateurs de produits laitiers,** même s'ils s'estiment en bonne santé, devraient la faire, ne serait-ce que pour voir s'ils n'en tirent pas un mieux-être. La notion de bien-être est très subjective, peut-être est-il possible d'être mieux... cela ne peut se ressentir qu'en faisant des essais.

• **Tous ceux qui sont malades,** soit porteurs d'une affection grave caractérisée, en particulier maladies immunologiques ou cardiovasculaires, soit porteurs de troubles chroniques, dont on ne meurt certes pas, mais qui gâchent la vie : fatigue, troubles du sommeil, spasmophilie...

• **Les enfants (et les adultes) qui ont des rhinopharyngites** chroniques avec ou sans otites, bronchites asthmatiformes, des maux de ventre ou de tête répétitifs, des troubles du sommeil. Chaque année, en France, 15 millions de rhinopharyngites sont traitées ; c'est le premier motif de consultation pédiatrique, le deuxième en étant un prolongement : 3,5 millions d'otites. Au moins la moitié de ces cas sont évitables par la suppression des produits laitiers de vache, et les trois quarts si on enlève aussi les mauvais sucres... et le tabac parental !

• **Tous ceux qui se trouvent en forme,** mais en fait digèrent mal, dorment mal, ne supportent pas l'humidité ou s'en trouvent contrariés (que ce soit sur le plan psychologique ou physique, avec des douleurs en particulier), ont des glaires (nez, gorge, oreilles ou sphère gynécologique), sont gênés par leur peau (démangeaisons, peau sèche, acné, etc.), sont sujets à des allergies, en particulier celles pour lesquelles aucun allergène ne peut être clairement identifié.

Une maladie est le plus souvent la résultante d'une longue conversation entre plusieurs paramètres environnementaux, biochimiques, comportementaux et psychologiques. Ce dialogue, ou du moins ce qui en résulte, est sans cesse scruté par un système de surveillance et de réparation des erreurs. Nous sommes tous différents quant à notre susceptibilité aux divers paramètres et quant à la qualité du veilleur-réparateur. Nous sommes trop conscients de tout cela pour vouloir dire que le lait et ses dérivés sont seuls responsables, à tous coups, des différentes pathologies dont nous avons parlé. Par contre, les faits épidémiologiques et les travaux scientifiques sont suffisamment clairs et parlants pour que nous soyons sûrs que ces produits participent largement aux phénomènes pathologiques qui vont grandissant sous nos yeux. Nous pouvons, sans aucun risque, en vérifier une partie par l'épreuve de suppression stricte pendant un temps plus ou moins long. Les sources de calcium sont suffisamment variées et faciles d'accès pour que l'on puisse supprimer ces produits si nécessaire ou en minimiser l'emploi dans les autres cas.

Nous allons maintenant voir que la vie reste très agréable sans eux, et que les moments passés à table sont toujours conviviaux et plaisants, même sans produits laitiers.

DEUXIÈME PARTIE

# Comment être moins lait

# Les petits-déjeuners et les goûters ou le règne de la calorie vide

Tant de soins et de réflexions président habituellement à la préparation des repas du midi et du soir, que l'on s'étonne du laisser-aller quasi total pour la réalisation de ces deux petits repas, pourtant si utiles pour le bien-être physique et psychologique des petits et des plus grands.

Le matin, le temps presse, il faut vite se préparer pour être à l'heure, souvent même, les yeux ne sont pas tout à fait en face des trous... Au goûter les enfants sont souvent seuls, un peu fatigués, énervés... Les publicistes de l'agroalimentaire l'ont bien compris: de multiples produits sont étudiés spécialement pour ces repas, lancés à grand renfort d'annonces médiatiques. Ces produits sont faits pour satisfaire les goûts du consommateur et répondre sur le plan pratique aux contraintes habituelles de ces moments. Le «clés en main» est ici remplacé par du «cuillère en bouche», du tout prêt. Quoi de mieux étudié que ces petits packs de laits aromatisés ou chocolatés, sucrés... avec la paille incorporée; que ces pseudo-céréales du matin, devenues immédiatement molles et tendres par le mélange avec un liquide (lait ou jus de fruit) ou sinon croustillantes; que ces yaourts portés simplement en poche et consommés sans ustensiles. Hélas, tous ces produits sont étudiés avant tout pour être vendus. L'aspect nutritionnel est secondaire, un petit slogan publicitaire bien mensonger mais légal permettant de convaincre ou d'attirer. Si bien que ces deux repas deviennent un assemblage de mauvais sucres et de mauvaises graisses (car ces produits coûtent moins cher au fabriquant), avec tout de même quelques protéines. C'est le règne de la calorie vide et des molécules ajoutées type édulcorants, colorants, conservateurs, agents de tout et le reste... c'est le règne d'une alimentation bio-freinatrice, d'une alimentation qui ne nourrit pas la Vie.

## Qu'est-ce qu'une calorie vide ?

La digestion d'un aliment libère conjointement des macronutriments (protéines, glucides et lipides), des micronutriments (vitamines, minéraux, oligoéléments) et des molécules bioactives diverses, ainsi que de l'énergie mesurée en calories. Tous ces éléments sont dans des proportions très variables.

Pour une même quantité de calories, la digestion peut fournir des macronutriments plus ou moins utiles (sucre à indice glycémique bas par exemple, bien préférable aux sucres à indice élevé) et une quantité variable de micronutriments, dont l'utilité pour le bon fonctionnement de notre organisme est de plus en plus évidente et documentée. Plus une calorie correspond à des macronutriments peu souhaitables et à une pauvreté en micronutriments, plus la densité nutritionnelle de la calorie est faible, plus cette dernière est « vide ». Un fruit mûr, pour une quantité donnée de calories, apporte du bon sucre (fructose), des fibres alimentaires, des minéraux variés et des vitamines. Il a une bonne densité nutritionnelle. À l'opposé, la calorie totalement vide est le sucre blanc ; de même, les graisses raffinées liquides sous forme d'huile, ou solides, comme l'huile de palme ou de coprah, que l'on trouve dans beaucoup de margarines ou de produits dits « allégés ». Dans le premier cas, à une calorie correspond un sucre rapide qui va emballer le système de régulation de la glycémie et n'apporter aucun micronutriment. Dans le second, une mauvaise graisse qui ne va qu'encrasser l'organisme sans apporter non plus de micronutriments. L'industrie agroalimentaire est une championne des calories vides, car le gras sucré ça plaît, et ça ne coûte pas cher.

La plupart des petits-déjeuners et goûters sont très chargés, si l'on peut dire, en calories vides ; le mélange sucre raffiné et gras saturé ou trans en étant le pivot.

Au lieu de nous nourrir, ces aliments nous affaiblissent et nous font grossir. Ils ont des conséquences perverses multiples, en particulier :

• Malaises hypoglycémiques fréquents : c'est le « coup de pompe » de la fin de matinée. À l'écolier qui ne comprend plus rien à partir de 11 heures ou devient très distrait et agité, mieux vaut conseiller de changer son petit-déjeuner et/ou d'ajouter une collation vers 10 heures que de le gronder. De même, d'ailleurs, pour les adultes. Le même phénomène est observable en fin d'après-midi. Sur le moment, il faut manger un sucre à absorption rapide, de préférence un fruit sec sucré et le malaise s'estompe rapidement, confirmant ainsi son origine hypoglycémique, mais le traitement à terme de ces malaises nécessite la disparition des sucres rapides à mauvais index glycémique de l'alimentation du sujet. Les personnes présentant ce type de malaises sont habituellement fatiguées et d'humeur instable, leur sensibilité au stress est accentuée.

• Emballement des systèmes de régulation des grandes voies métaboliques. Pour le sucre, hyperinsulinisme bientôt responsable de surpoids, de diabète… Pour les graisses, déséquilibre des composés lipidiques sanguins (augmentation du mauvais cholestérol, des triglycérides…) et altération de la qualité des membranes cellulaires, donc des échanges de matériaux et d'information dans l'organisme.

L'ensemble est responsable à long terme des problèmes vasculaires, de nombreuses maladies inflammatoires et dégénératives, d'une baisse des défenses immunitaires.

• Aggravation des subcarences en micronutriments, car la digestion et l'assimilation des aliments en requièrent. Et s'ils ne sont pas apportés par l'alimentation, il faut en puiser dans les réserves de l'organisme. D'où de multiples troubles allant des fourmillements à la fatigue, en passant par une hypersensibilisation au stress et à la déminéralisation osseuse.

Petits-déjeuners et goûters devraient être pensés en complémentarité des deux grands repas, souvent trop chargés.

Il est possible de mieux répartir, car tout est question d'habitude.

Reporter, éventuellement, un produit animal le matin et ne plus garder qu'un produit animal –au maximum – pour chacun des deux repas principaux. Cela paraît simple; c'est pourtant un changement important, car cela signifie qu'il faut consommer soit une viande, soit un poisson, soit un ou deux œufs, soit un laitage, alors que bien souvent, il y a, pour un même repas, deux ou trois, voire quatre de ces produits. Cette accumulation complique la digestion et diminue d'autant notre énergie.

Si, donc, on décide par exemple de manger un laitage par jour, on peut le mettre à l'un des deux petits repas et limiter ainsi la complexité des autres.

De même, on peut envisager de supprimer les desserts, qui sont la plus grande erreur diététique, ou en tout cas en consommer de tout petits et faire du goûter un repas-dessert (sans rien d'autre). À la fin d'un repas déjà suffisant, le dessert a surtout une fonction psychologique, comme le sucre en général. Cet aspect psychologique est beaucoup plus important que l'aspect nutritionnel. Ce rôle peut être très bien rempli par un dessert quantitativement peu important mais bien présenté. C'est avant tout une question d'habitude et il est fort possible de le supprimer ; après quelque temps on n'y pense plus.

Si l'on préfère une autre orientation, il est possible de mettre le produit animal ou le plat principal au goûter et faire le soir un repas plus simple, de type soupe-dessert, ce qui passera beaucoup mieux.

## Les petits-déjeuners

Le petit-déjeuner devrait apporter une part notable (20 à 25 %) des calories et des nutriments de la journée, du moins quand la matinée est longue et active. Si le lever est tardif, mieux vaut cependant se contenter de peu, pour ne pas empiéter sur le repas de midi, à moins que l'on décide de faire un vrai petit-déjeuner et de ne prendre presque rien à midi.

Quand vous ouvrez la fenêtre le matin (d'abord votre fenêtre intérieure, puis celle de votre maison), l'ambiance est variable. Le temps est parfois gris et humide, parfois ensoleillé et rieur. Le vent est plus ou moins fort, les oiseaux plus ou moins chantants. Votre humeur non plus n'est pas la même, et vos projets ne sont pas identiques. Parfois, c'est une matinée physique qui vous attend, parfois les bureaux, parfois un peu de détente… Alors pourquoi manger toujours la même chose ? Pourquoi toujours les trois invariables tartines avec le beurre ou la confiture, trempées dans la tasse de thé, café ou chocolat au lait ? Sans oublier bien sûr le sacro-saint yaourt et l'incontournable jus d'orange ! Que de mélanges !

Voici quelques propositions pour pouvoir varier, pour vous adapter à la nécessité ou à la fantaisie du moment.

### Petit-déjeuner autour d'une céréale, une vraie

Il est préférable d'éliminer les céréales raffinées ou blanches, pour cause de calorie vide et de mauvais index glycémique, donc mieux vaut utiliser les céréales complètes ou semi-complètes, de culture biologique. Le mélange des céréales avec les fruits frais est hasardeux sur le plan digestif, y compris le jus de fruit qui sera pris une bonne demi-heure avant la céréale s'il est maintenu, ce qui n'est pas indispensable. Avec une céréale, le jus de légume est préférable.

Les céréales sont, pour la plupart, utilisables en farines, flocons, grains, pâtes ou pains, cela pour chacune des grandes céréales : riz, blé, petit épeautre ou engrain, avoine, millet, quinoa, sarrasin ou blé noir, maïs, orge et seigle. En hiver, accorder une préférence à l'avoine, céréale échauffante (c'est le picotin des chevaux !) dont la douceur et l'onctuosité - c'est la céréale la plus grasse avec 6 à 7 % de bonnes graisses - aident à pallier l'absence de produits laitiers.

#### La farine

Elle sera dans la mesure du possible fraîchement moulue. L'idéal est bien sûr le moulin à céréales, mais au début, le moulin à café électrique permet d'avoir une farine fraîche. La farine peut être utilisée surtout sous forme de bouillies ou de galettes ou crêpes.

*Bouillies de céréales* (préparation et cuisson, environ 10 minutes)

• Prendre 50 grammes environ d'avoine ou de petit épeautre, les mettre dans le moulin et moudre (dans un moulin à café, appuyer seulement deux ou trois fois brièvement deux ou trois secondes, de préférence à une longue fois pour éviter de chauffer la farine).

• Mélanger avec environ trois ou quatre volumes d'eau (en fonction de la consistance préférée). Bien mélanger pour éviter les grumeaux, puis porter doucement à ébullition en tournant. Prendre de préférence une eau minérale riche en calcium et en magnésium. On peut utiliser à la place de l'eau un lait végétal, la bouillie sera plus onctueuse.

• Laisser bouillir à feu très doux quelques minutes.

• On peut ensuite soit saler, soit sucrer, par exemple en coupant des fruits secs en tout petits morceaux.

• Pour faire de cette bouillie un repas complet et agréable, il suffit de la complémenter :

– soit avec des graines oléagineuses trempées dans de l'eau depuis la veille au soir, ce qui permettra de les faire prégermer et d'enlever leur peau si besoin (en particulier graines de tournesol) ;

– soit avec un œuf que l'on fera cuire dans la bouillie pendant qu'on la tourne ;

– soit avec du gruyère, s'il n'y a pas d'autres produits laitiers dans la journée, et que la phase stricte d'expérimentation est passée.

*Galette ou crêpe* pour un petit-déjeuner moins rapide : voir dans la partie Recettes.

**Les flocons**

Les vrais flocons nécessitent un trempage depuis la veille au soir, pour être à la fois plus digestes et plus agréables. Dans de l'eau, la farine se délite pendant la nuit et donne la sensation de lait. Un lait végétal peut aussi être utilisé.

Ils peuvent être consommés froids, mais un moment de chauffage est bien préférable. Il est possible d'utiliser des mélanges tout faits, classiquement appelés « muesli », mais on peut aussi les confectionner soi-même, c'est très rapide et cela permet de mieux épouser ses goûts et de varier. Dans ce dernier cas, on pourra en même temps faire tremper des graines oléagineuses et des fruits secs coupés en tout petits bouts pour en augmenter le pouvoir sucrant.

Pour les adeptes des flocons, il est préférable d'avoir une floconneuse, qui permet à partir de grains de faire soi-même des flocons frais. Dans ce cas, la cuisson est indispensable, les flocons du commerce, eux, sont précuits (à la différence d'un moulin à céréales, une floconneuse ne coûte pas cher).

**Les graines**

Elles peuvent se consommer crues ou cuites.

*Les graines crues germées* sont particulièrement intéressantes par leur très forte densité nutritionnelle et leur digestibilité. Mais elles nécessitent une petite préparation pendant deux ou trois jours, et il faut y penser. Le mieux est d'en faire très régulièrement. Elles peuvent constituer la base du petit-déjeuner ou n'en être qu'un élément (deux cuillères à café). Le blé germé est certes la plus connue, mais toutes les graines germent et on réalisera des cocktails avec des graines de céréales, de légumineuses et d'oléagineux. Le tournesol est particulièrement délicieux et prêt en 24 heures, d'un matin sur l'autre. Si l'on préfère une sensation plus onctueuse, il est simple de faire une crème avec les graines en les broyant dans un hachoir électrique de type ail-persil.

*Germination des graines de tournesol*

• Mettre 30 à 50 grammes de graines dans l'eau un matin, de préférence dans un verre de grande hauteur.

• Le soir, enlever l'eau en essayant d'enlever en même temps les petites peaux des graines : mettre de l'eau jusqu'au haut du verre, les peaux plus légères que les graines surnagent et s'éliminent simplement avec l'eau en inclinant doucement le verre ; répéter deux à trois fois l'opération pour les faire presque toutes disparaître.

• Le lendemain matin, consommer après un nouveau lavage.

*Exemple de crème rapide*

30 à 50 grammes de graines germées de tournesol

1 ou 2 dattes avec l'eau de trempage

1/2 pomme en petits morceaux

Mixer le tout dans un mixeur ail-persil.

Une pointe de cannelle ou un peu de pollen (on peut varier à l'infini : avec le sésame, le goût sera bien différent).

Tous les oléagineux seront plus utilement consommés crus que cuits, car la cuisson risque fort d'endommager les acides gras. Quelques heures de trempage en améliorent la biodisponibilité. Les graines de tournesol sont donc facilement remplacées par des graines de sésame ou de courge, des noix, des amandes ou des noisettes. Une petite difficulté surgit avec les graines de lin, pourtant fort utiles (très riches en acide alpha-linolénique et en substances bioactives), car elles sont mucilagineuses, ce qui explique leur action régularisatrice des transits trop lents. Après trempage, elles forment un agglomérat dont on se demande que faire, aussi est-il préférable de les mettre directement à tremper dans le bol du mixer et de n'en utiliser qu'une bonne cuillère à soupe (soit environ 12-13 grammes), à moins d'avoir vraiment un mixer de compétition.

Dans la catégorie des graines germées séchées, les sachets de germes de blé lyophilisés ou de graines germées moulues peuvent dépanner, ils sont tout de suite prêts ; le temps de trempage permet d'ajouter quelques oléagineux et de couper quelques fruits secs. Le trempage peut se faire dans un jus de légume frais, dans un lait végétal ou même dans de l'eau.

### *Les graines cuites*

Ici, presque tout est possible : pourquoi ne pas commencer la journée avec un bon bol de riz, d'épeautre ou d'avoine ? La difficulté en est peut-être le temps de préparation. Rappelez-vous qu'il faut quelques minutes pour réchauffer une céréale au cuit-vapeur et moins encore avec un peu de soupe de la veille au soir. Sucrez ou salez selon votre humeur, et vous voilà prêt. Nous ne sommes guère partisans du « réchauffé » mais c'est encore, dans ce cas, bien préférable au bout de baguette blanche avec un peu de beurre ou de confiture, devenu classique dans le petit-déjeuner à la française.

## Les pâtes

Vite prêtes, elles constituent une bonne solution pour une matinée de travail physique ou d'entraînement sportif. Mais il y a pâtes et pâtes. Si certaines pâtes complètes sont plutôt rébarbatives, on en trouve aussi de très bonnes : faites quelques essais. Les spaghettis au quinoa en particulier plaisent pratiquement à tout le monde. Il est intéressant que les pâtes soient agrémentées, soit avec des œufs (regardez bien la notice), soit avec des légumineuses (il existe des pâtes blé-lentilles ou blé-pois chiches). La garniture finira de rendre ce plat du matin complet : une bonne cuillère à soupe d'huile végétale, une sauce tomate ou du gomasio. Là encore, le gruyère pourra trouver sa place.

Les pâtes blanches ne sont pas très recommandables vu leur mauvais index glycémique. Il est surprenant que cela ne soit pas plus connu dans les milieux sportifs. Depuis longtemps, il est bien établi que les glucides à bon index glycémique permettent de constituer une meilleure charge énergétique musculaire.

**Le pain**

Deux questions : quel pain ? que mettre dessus ?

Le choix du pain est important s'il constitue la base du petit-déjeuner, ce qui est souvent le cas. Le pain blanc n'est pas une bonne céréale (produit raffiné à index glycémique élevé, aggravé par l'éventuelle confiture). Le pain dit complet n'est parfois qu'un pain blanc avec du son, le tout levé à la levure, ce qui n'est guère recommandable. En effet, la panification à la levure n'est pas suffisante pour rendre le son assimilable. Le pain complet et même semi-complet (*a priori* préférable) doit être travaillé au levain sauvage et non pas à la levure, ni même au levain de levure.

Le mieux est donc un pain semi-complet (farine type 80, de culture biologique, de préférence fraîchement moulue et levée au levain naturel). On trouve maintenant facilement un tel pain, il se conserve facilement de huit à dix jours sans rassir, ce qui rend son approvisionnement simple. Ce critère de conservation est important : il permet souvent de faire la différence entre les vrais pains et les autres. Il est préférable de ne pas consommer de pain très frais, car il risque d'entraver la digestion et d'occasionner des ballonnements (surtout la mie). Savourez donc la merveilleuse ambiance du fournil, mais attendez pour manger 12 ou 24 heures.

À la place du pain, certains se trouveront bien de galettes de céréales soufflées, mais elles sont moins nourrissantes.

Que mettre dessus ?

Quand le pain est vraiment bon, les plus spartiates se contenteront de le griller.

Une solution au premier abord surprenante, mais qui en séduit beaucoup, est tout simplement un filet d'huile d'olive sur ses tartines. L'huile d'olive fait merveille, elle est par ailleurs très utile pour mettre en route le système digestif le matin. Le vrai pain n'étant pas une mosaïque de trous mais offrant une bonne texture, l'huile reste sur la tartine et l'imbibe. Par précaution tout de même, il vaut mieux faire la manœuvre sur une assiette. La tartine pourra être légèrement grillée, éventuellement frottée à l'ail comme on le fait traditionnellement en Italie et en Espagne. Si l'huile d'olive ne plaît pas, d'autres goûts sont possibles : huile de sésame, de carthame, de colza, de noix ou de noisettes. De plus, il est simple d'aromatiser ses huiles en mettant dans la bouteille une plante dont on aime la saveur. Un peu de piment ou d'échalote suffit à rendre une huile un peu piquante.

*Pâtes à tartiner*

Ici, les solutions sont multiples.

Les oléagineux constituent une très bonne base, car ils sont agréables au goût et complètent les céréales en protides et en lipides : la tartine devient un repas complet. Les purées toutes faites du commerce sont à utiliser en petites quantités, plutôt en dépannage. On évitera l'arachide bien sûr (premier allergène alimentaire aux États-Unis). L'amande sera choisie de préférence blanche (sans la peau). Par contre, le tahin (purée de sésame) sera plutôt choisi complet. Ces produits sont indigestes en grande quantité, et il faut les utiliser avec parcimonie. On pourra les améliorer en les diluant soit avec un peu d'eau et une goutte de citron, soit avec du miso (pâte fermentée de soja) : 40 % amande ou sésame, 40 % miso, 20 % eau, le tout mélangé à froid ou en tiédissant.

On pourra fabriquer soi-même une pâte à partir d'oléagineux. Connaissant tous les produits utilisés, on peut obtenir des produits frais à forte densité nutritionnelle (à l'opposé donc des produits «riches» en calories vides). On peut varier le goût vers le sucré ou le salé. Il suffit de disposer d'un moulin à café électrique (graines non trempées de tournesol, de sésame, de lin) en utilisant quelques coups brefs pour éviter l'excès de chaleur, ou d'un hachoir électrique ail-persil (amandes, noix, noisettes, courges avec un peu d'eau). On obtient ainsi une poudre qu'il faut mélanger avec d'autres ingrédients de façon à réaliser une pâte selon le goût et la consistance désirés. Pour obtenir une pâte qui tienne sur la tartine quand on la trempe, il faut mettre un peu d'huile dans la préparation. C'est très rapidement réalisé après quelques essais. Voici quelques exemples, chacun imaginera ensuite. Si vous voulez faire rire les enfants avec vos dents vertes (!) il suffit de mettre dans le mélange de la spiruline (algue d'eau douce constituant un excellent complément alimentaire).

– Salé : graines de sésame ou de lin moulues avec huile afin d'obtenir la consistance désirée et un peu de soyu ou de miso ; graines de tournesol et pollen ou graines de fenouil, huile, sel aux herbes.

– Amer : amandes ou noisettes broyées, huile, poudre de caroube ou de cacao dégraissé.

– Doucement sucré : remplacer le produit salé par quelques gouttes de sirop d'érable, une petite cuillère à café de malt d'orge ou de maïs ou un peu de sucre complet. Il est aussi possible de broyer quelques fruits secs : raisins, datte ou figue trempée…

### Petit-déjeuner autour d'un légume

Dans la mesure du possible de culture biologique et aussi frais que possible.

#### La soupe

On y pense rarement et pourtant c'est délicieux, et efficace pour bien tenir toute la matinée. En hiver, ça réchauffe bien. Cet usage est tombé en désuétude, mais il peut être repris d'autant qu'il solutionne le problème de la boisson. Pour complémenter la soupe, on peut y faire tremper deux ou trois tartines de vrai pain ou y adjoindre des pâtes ou des graines de céréales. Une soupe miso de la veille au soir est encore plus délicieuse le matin (voir recettes). Elle est devenue très douce, presque sucrée… essayez. Notons qu'il n'est pas souhaitable de faire de la soupe pour plusieurs jours et que l'idéal est bien de la préparer le matin même. Mais le mieux étant parfois l'ennemi du bien, on acceptera tout de même de réchauffer la soupe de la veille au soir (on jettera ensuite ce qui reste).

**Un jus frais de légumes**

Un jus de chou, de carotte, de courgette, de betterave… aura l'avantage de bien se marier avec une céréale. La pulpe pourra être agrémentée de fruits secs ou d'un filet de citron et d'huile d'olive. Voilà une journée qui commence bien.

**La purée**

Faite au lait d'avoine ou d'amande, la purée alliera la douceur et l'efficacité nutritionnelle. On utilisera plus volontiers la carotte, le potimarron ou des purées de feuilles (navets, orties…). Elle pourra éventuellement être complémentée par un produit animal, soit un œuf, soit un peu de gruyère (le laitage éventuel de la journée), accessoirement un peu d'huile ; des aromates achèveront de la rendre très agréable.

**La choucroute**

Beaucoup plus surprenant, mais certains s'en régaleront, au moins par périodes, la choucroute est un aliment-remède de première classe, crue ou cuite, avec un petit peu d'huile d'olive et/ou quelques olives noires, du persil et, soit quelques raisins secs, soit un filet de hareng ou une sardine marinée maison.

### Petit-déjeuner autour d'un fruit

Fruits biologiques ou, à défaut, le moins traité possible et surtout fruits mûrs. Les fruits insuffisamment mûrs étant acidifiants pour l'organisme, il vaut mieux s'en méfier.

Il y a trois grands types de fruits :

• Fruits aqueux : soit acides – prunes, abricots, kiwis, petits fruits (fraises, cassis…) –, soit doux – pommes, poires, raisins, bananes, ananas…

• Fruits secs sucrés : dattes, figues, raisins secs, pruneaux, abricots secs (bruns)...

• Fruits secs oléagineux : amandes, noix, noisettes...

Les fruits secs des deux catégories seront meilleurs au goût et plus digestes après un trempage de 12 à 24 heures.

Le repas de fruits est inhabituel dans la nourriture conventionnelle. Il est pourtant très agréable, fort digeste et nourrissant. Les fruits ne devraient pas être consommés en fin de repas, car cela complique considérablement la digestion en faisant fermenter l'ensemble du bol alimentaire, d'où les ballonnements.

Pour être complet et permettre de bien tenir sans fatigue plusieurs heures, un repas de fruits comporte à la fois des fruits aqueux et doux (pommes – attention certaines sont acides –, poires, bananes, kakis) et des fruits secs trempés au moins 12 heures (fruits sucrés et fruits ou graines oléagineux).

Sous un faible volume, ils amènent beaucoup de nutriments intéressants et agréables au goût. Pour le plaisir, on peut, si l'on préfère cette consistance, réaliser des mousses rapides grâce à un hachoir électrique de type ail-persil (ou un modèle très semblable mais de plus grande capacité) : par exemple une pêche, un peu de noix de coco, des raisins secs trempés et leur eau de trempage, quelques amandes ou autres oléagineux trempés, c'est prêt en deux minutes. Chacun pourra faire ses variations préférées autour de ce thème : avec ou sans pollen ou levure alimentaire, avec ou sans épices (cannelle, vanille, fenouil...).

Le repas de fruits peut aussi être une mono-diète, la plus classique étant celle de raisins : on ne mange que du raisin en mâchant bien la peau et les pépins. Cette mono-diète se pratique bien sûr à la saison du raisin mûr.

Les fruits acides, eux, sont consommés soit seuls, soit éventuellement avec du lait caillé ou du yaourt. Notons que la saison des fruits acides est la saison chaude. Il n'y a pas de fruits acides de pays en hiver, sauf maintenant les kiwis. Réservez donc ces fruits à leur saison, surtout si vous êtes frileux et facilement fatigué (ils contiennent des acides organiques dont la neutralisation nécessite d'aller puiser dans les réserves minérales et ont donc un effet déminéralisant).

Si l'on dispose d'un four permettant les cuissons à basse température (80-90 °C), les pommes cuites seront un régal le matin après une cuisson douce pendant toute la nuit, et c'est vite prêt !

On pourra aussi faire une pâte à tartiner en poussant très longtemps la cuisson de fruits à tout petit feu (surtout pommes et poires). C'est le principe du Poiret, que l'on peut trouver dans le commerce.

Enfin, un petit-déjeuner mixte célèbre peut constituer une agréable façon de commencer la journée : il s'agit de la crème Budwig proposée par le docteur Kousmine. Elle peut être réalisée soit comme elle le propose en version classique, donc avec un petit peu de laitage, soit dans une adaptation sans laitage.

*Crème Budwig*

Bien émulsionner 4 c. à café de fromage blanc maigre biologique avec 2 c. à café d'huile de première pression à froid (lin, germe de blé, tournesol).

Y ajouter le jus d'un demi-citron, une banane bien mûre écrasée ou 2 c. à café de miel ou de sucre intégral, 2 c. à café de graines oléagineuses (lin, sésame, noix...) et 2 c. à café de céréales crues (avoine, épeautre, sarrasin...) que l'on aura moulues préalablement, enfin 1 ou 2 fruits de saison coupés en petits bouts.

Un mot pour ceux qui l'adoptent : souvent la recette dévie peu à peu selon les *desiderata* de chacun et en particulier les quantités augmentent. Ce petit-déjeuner devient alors très indigeste. Il importe donc de respecter les quantités et de ne pas mélanger avec autre chose. Par exemple, ne pas tartiner cette crème sur du pain... certaines « adaptations » sont très étonnantes !

## Les goûters

La problématique du goûter est légèrement différente. Autant le petit-déjeuner peut être un vrai repas, autant le goûter est plus un moment de plaisir, un temps d'arrêt, presque un petit câlin. La quantité, de même que l'appétence pour des produits sucrés, est plus souvent liée à une fatigue psychologique qu'à une véritable faim. La plupart du temps, le repas du soir n'est pas très loin, et il importe que le goûter soit alors digéré. Pour ceux qui ont vraiment faim après une longue journée, mieux vaut sans doute avancer l'heure du repas du soir : il sera ainsi mieux digéré à l'heure du coucher et la qualité du sommeil s'en trouvera améliorée.

On pourra reprendre diverses idées précédentes, mais un petit repas de fruits trouvera bien sa place : ils sont doux, sucrés et vite digérés. Le goûter pourrait remplacer les desserts alourdissants du midi et du soir. Ce petit repas trouverait ainsi sa complémentarité aussi bien sur le plan psychologique que nutritionnel.

On évitera bien sûr les boissons sucrées type soda, limonade, jus de fruits avec sucre ajouté ou édulcorants. Un jus frais ou un lait végétal agréable mais peu nourrissant comme le lait de riz trouvera ici sa place en petite quantité ou encore, simplement, de l'eau minérale. Le goûter peut être aussi remplacé ou précédé d'un exercice physique en plein air, suivi d'un fruit ou d'une boisson. En effet, on grignote – surtout pour l'adulte – pour se défatiguer ou se changer les idées, alors que l'ingestion d'aliments n'est pas forcément la bonne réponse. Un exercice physique plaisant chasse beaucoup mieux la fatigue, souvent d'origine mentale. Après cette phase d'aération, la consommation alimentaire sera beaucoup plus adaptée, car elle ne sera pas une compensation à une vague sensation de mal-être, mais seulement une réponse juste à un besoin du corps.

# L'alimentation de l'enfant de la naissance à deux ans

La petite enfance est une période très particulière et importante de maturation et d'adaptation, aussi bien sur le plan métabolique (l'ensemble des réactions biochimiques qui gèrent notre matière) qu'immunitaire et neuro-psychologique. Elle a des répercussions notables sur le devenir de l'individu, non seulement sur son poids (la tendance au surpoids devient un problème majeur de santé publique), mais aussi sur son système de défense immunitaire (allergies de plus en plus fréquentes...), sa taille, sa psychologie. Une grande attention doit donc lui être apportée.

## Le lait maternel, aliment idéal jusqu'à neuf-douze mois

L'allaitement devrait être intégral jusqu'à six mois au moins, puis, peu à peu, le relais devrait se faire dans le cadre d'une diversification progressive et prudente. Aucun aliment ne peut remplacer le lait maternel, que ce soit du point de vue nutritionnel, immunologique, neurologique ou psychologique. L'enfant vient de quitter l'utérus où il vivait en fusion aquatique avec le milieu maternel. Il apprend pendant l'allaitement à être plus autonome et pourtant relié au cœur de la vie situé juste derrière les seins qu'il tète. Certes, un biberon donné avec amour et tendresse permet aussi une réelle communication, mais tout de même, un lien est manquant. L'allaitement maternel apporte, outre les commodités et le plaisir du moment, des bénéfices secondaires pour la maman : moins d'infections utérines, moins de pertes de fer, un retour de couches souvent retardé (sans valeur contraceptive !)... à long terme une prévention contre le cancer du sein. Les bénéfices pour le bébé sont maintenant bien reconnus : amélioration du développement fonctionnel neurologique (quotient intellectuel), sensoriel (acuité visuelle), diminution des infections courantes (diarrhées, rhinopharyngites), protection contre l'atopie (allergie, notamment eczéma à cet âge) et l'asthme...

Pendant cette période, il n'est pas nécessaire que la mère se gave de produits laitiers, dont les protéines vont passer dans le lait qui nourrit l'enfant. Elle peut certes en manger, mais en cas de problème (en particulier eczéma, troubles du sommeil...) il peut être utile de faire l'expérience d'arrêter, et cela sans que la maman ne coure aucun danger. Il est très fréquent de voir d'excellentes nourrices ne pas manger de produits laitiers... Ne succombons pas aux schémas simplistes et primaires. Pas plus que la vache ne boit de lait pour nourrir son veau, la femme n'a besoin de se nourrir de produits laitiers pour allaiter son enfant. Si l'on ne donne pas de lait à boire aux vaches, de nombreux agriculteurs leur donnent par contre du lithothamne, car ce complément alimentaire marin très bien assimilé est peu coûteux en coopérative agricole. Il a été bien démontré que la concentration en calcium du lait maternel n'est pas liée à la prise alimentaire de calcium pendant l'allaitement. L'allaitement s'accompagne d'une diminution du contenu minéral osseux de la mère similaire quelle que soit la consommation maternelle en calcium, mais cet impact sur la minéralisation maternelle est transitoire et réversible après l'allaitement et le sevrage. Cela dit, il est clair qu'un bon apport calcique est souhaitable ; cela ne veut pas dire qu'une overdose soit de la moindre utilité.

## Les alternatives au lait maternel

Le lait de vache est incontestablement l'aliment irremplaçable du petit veau jusqu'à ce qu'il apprenne graduellement à assimiler sa nourriture d'herbivore. En aucun cas, on ne peut prétendre que le lait de vache (ou même d'ânesse, qui est pourtant le plus proche du lait de femme) soit l'aliment irremplaçable et incontournable du petit enfant.

C'est un produit de substitution qui a des avantages et des inconvénients. Il doit donc être utilisé raisonnablement, après réflexion, et non pas aveuglement et irrationnellement comme on le fait maintenant. Même maternisé, c'est-à-dire très modifié, le lait de vache doit être classé dans l'ensemble des produits à utiliser en cas d'absence ou d'insuffisance d'allaitement maternel ou après le sevrage.

Lisez très attentivement tout ce qui est écrit, même en petits caractères, sur les boîtes de lait maternisé ou les publicités mises à votre disposition pour vous vanter ces produits. Si après une lecture détaillée vous n'êtes pas convaincu que les laits maternisés ne sont qu'une solution «bricolée» pour corriger les méfaits du lait de vache, que faire pour vous ouvrir les yeux?

Vous y verrez entre autres avec, sans doute, un certain étonnement tout de même que

• L'apport lipidique est d'origine strictement végétale... curieux pour un produit animal! En d'autres termes, on dégraisse le lait pour éliminer les acides gras indésirables saturés ou trans et on les remplace par des graisses végétales... qu'on espère bien choisies, donc au moins de première pression à froid;

• L'excès protéique ne fait plus recette... et il est même largement fustigé: trois enfants sur quatre consomment plus du double du taux souhaitable et ça fatigue l'organisme. Protéines dont la plupart ne sont guère adaptées à l'enfant: les caséines floculent en gros grumeaux et sont à l'origine de multiples troubles digestifs, tandis que les protéines solubles sont pour beaucoup allergisantes;

• Le calcium est en excès;

• Le fer manque. On en rajoute, mais cela n'a pas plus d'intérêt que d'en rajouter dans un verre d'eau puisque vous avez pu constater sur le tableau de comparaison qu'il n'existe pas de lactotransferrine dans le lait de vache; or, c'est cette protéine qui permet au lait maternel d'avoir une bonne biodisponibilité du fer;

• Les laits maternisés seront bientôt supplémentés en nucléotides (certains pays le font déjà). Les oligosaccharides suivront...;

• Bien entendu, il n'est pas fait mention de l'existence possible de produits xénobiotiques (pesticides et autres) liés au mode de production laitière. Or, dans les tout premiers mois de la vie, ces produits sont encore plus nocifs, notamment les nitrates. Pour cette raison, entre autres, ne préparez pas les biberons avec de l'eau du robinet. Précisons qu'il existe maintenant un lait maternisé à base de lait de culture biologique. Il est de plus garanti sans acides gras trans et bien équilibré en acides gras polyinsaturés.

Reconnaissons toutefois l'aspect positif des choses : ces laits sont de moins en moins mauvais, certes ils sont hypertrafiqués, ce qui ne doit pas arranger les configurations moléculaires, les acides gras sont peut-être trans, le lactose est sans doute remplacé par un triste sucre rapide des plus raffinés... mais il faut reconnaître que d'immenses efforts industriels sont mis en œuvre.

On avance dans la vie d'erreur en erreur, espérant simplement que les dernières en date seront moindres que les précédentes, l'évolution des laits maternisés en est une illustration. On peut tout de même très sérieusement se demander pourquoi un tel produit est supérieur à un lait d'amande ou un lait végétal composé, dans la mesure où on les corrige eux aussi ? Finalement, il est clair que le lait de vache n'est qu'un support de départ, choisi pour d'évidentes raisons culturelles et économiques. Mais on peut se demander s'il n'y aurait pas moins de transformations à effectuer en partant d'une base végétale, comme l'amande ou un mélange végétal sans gluten ? On peut d'ailleurs trouver dans le commerce de telles préparations. Chaque produit a ses avantages et ses inconvénients. Il faut donc être attentif, varier, diversifier, en tenant compte de ce que l'on connaît des besoins.

## L'allaitement est la seule bonne solution s'il se déroule normalement

Les laits maternisés ont l'avantage d'être une solution très pratique... et rassurante puisque c'est la plus pratiquée.

L'hyperconsommation actuelle de protéines mérite une attention toute particulière. La toute dernière tendance est d'ailleurs de diminuer la teneur des laits maternisés en protéines : 1,8 g/100 ml de lait reconstitué au lieu de 2,5 il y a encore peu de temps (le lait maternel lui, est à 1 g/100 ml, mais avec une biodisponibilité telle que la comparaison est difficile). L'excès de protéines n'amène pas d'avantages, mais est préjudiciable à la santé. Cet excès, comme celui du calcium d'ailleurs, n'est pas un « plus », il montre seulement que ce lait est fait pour un animal qui doit grandir rapidement, c'est tout.

L'utilisation abusive des produits laitiers pendant la première enfance :

- augmente les protéines d'origine animale ;
- augmente les graisses saturées (du moins pour les laitages du commerce : yaourt, petit suisse, etc.) ;
- diminue la proportion de glucides souhaitables (à cet âge, le lactose, répétons-le, en fait partie) car le phénomène du « sucrage » apporte beaucoup de mauvais sucres. Il est curieux de constater comme les adultes sucrent la nourriture des petits et tiennent absolument à les conditionner, comme eux, à cet indispensable dessert de la fin du repas. La nature, elle, fait un autre choix avec un lactose à très faible pouvoir sucrant.

Tout cela nous montre que dans la panoplie des produits utilisables, le lait de vache en petite quantité peut avoir un intérêt pour l'apport protéique et calcique si l'enfant le supporte bien. Il peut participer à l'alimentation, mais en étant situé dans un ensemble de produits possibles, aucun d'entre eux ne représentant à lui seul le produit miracle. En cas de contre-indications ou d'inconvénients, on peut fort bien élever un enfant sans ce produit.

Avant d'envisager le mode d'alimentation plus précisément, retenons qu'un bébé bien nourri est un bébé heureux (critère qui peut paraître simpliste, mais est cliniquement très parlant) et dont la courbe de poids et de taille se développe harmonieusement. Voilà quelques années, on prouvait la supériorité du lait maternisé sur le lait maternel par le meilleur score obtenu avec le premier pour les mesures de poids et de taille, mais on en revient actuellement. Il est clair que la norme devrait être ce que l'on obtient avec le lait maternel. Il est même surprenant que l'on ait pu penser le contraire. Les laits artificiels génèrent un excès staturo-pondéral net, souvent même un excès pondéral tout court et il est difficile de ne pas faire le lien entre la généralisation de la consommation de ces laits et l'expansion des excès de poids chez les adolescents et les adultes, quand on sait que l'état nutritionnel des premières années conditionne en partie la suite. Un bébé bien nourri est indemne de toutes maladies ou dysfonctionnements récidivants, y compris les rhinites et les gastro-entérites. Ces troubles répétitifs doivent éveiller l'attention. Ils sont le plus souvent aggravés par l'alimentation, dont la correction permet d'éviter une médicalisation excessive. De même les problèmes de peau. L'organisme réagit à l'excès, au trop, en éliminant les surplus nocifs comme il le peut. Le nombre impressionnant d'ordonnances pour rhinopharyngites chez les bébés nourris avec beaucoup de laitages devrait faire réfléchir !

Si le bébé présente une anomalie sur un seul de ces critères, à plus forte raison sur deux, il importe d'en parler à un conseiller compétent et de faire les changements alimentaires qui s'imposent. La suppression des produits laitiers de vache, dont font partie les laits maternisés, est la première à réaliser. Faites l'expérience : le bébé ne peut qu'y gagner et les parents de même, car tous ces troubles font passer bien des mauvais moments aux uns et aux autres !

Vous ne trouverez pas ici de menus tout faits, mais des lignes directrices, des remarques, des réflexions qu'il vous appartiendra d'intégrer et d'individualiser.

## La période de zéro à six mois : la plus délicate

Cette période est normalement sans problème si l'allaitement se déroule bien. Actuellement, tous les experts médicaux, en particulier les allergologues, conseillent un allaitement intégral jusqu'à six mois, mais mieux vaut deux mois que rien. Le contexte social ne favorisant pas encore vraiment l'allaitement, il ne faut pas se laisser décourager par le fait de ne pouvoir nourrir son enfant six mois, ce qui est fait est fait et c'est déjà très bien. L'important pendant cette période est l'alimentation de la maman :

• Apport calcique suffisant et diversifié, sans pour autant abuser de produits laitiers. En cas de consommation excessive, des troubles du sommeil ou/et des rhinites peuvent apparaître. En cas de problèmes pour le bébé (eczéma en particulier), on peut complètement supprimer les produits laitiers. Pour un supplément calcique, mieux vaut prendre de l'eau minérale (en particulier Hépar en cas de constipation) ou un comprimé à base de coquille d'huître ou de lithothamne. Si le père et/ou la mère sont des allergiques patents, on peut se demander si l'éviction des produits laitiers pendant l'allaitement ne serait pas une mesure préventive judicieuse.

• Bien sélectionner les sucres et surtout les graisses ingérées : fruits et graines oléagineuses, huiles variées de première pression à froid, colza ou lin si possible, graines de tournesol germées, poissons gras.

• Apport suffisant en fer, magnésium et oligoéléments variés, d'où l'intérêt supplémentaire des compléments marins.

• L'avoine et le riz glutineux (variété de riz contenant du gluten) stimulent la lactation, de même que certaines infusions (anis, basilic, fenouil, houblon – préférable à la bière dans ce cas).

En l'absence d'allaitement, mieux vaut d'emblée se rendre compte qu'aucun produit à lui seul n'est merveilleux. Il faut donc varier en utilisant chaque jour différents produits.

Pour ceux qui s'éloignent des sentiers battus, la consultation d'un conseiller compétent et non sectaire est utile pour éviter d'aller trop loin dans l'erreur. Certains parents sont tellement convaincus de bien faire et d'avoir raison qu'ils deviennent aveugles : ils ne voient pas que leur enfant est en mauvaise santé : cela arrive et cela peut être grave. Dans notre expérience de cabinet, nous en avons tous plusieurs exemples. Un regard extérieur objectif et compétent permet d'éviter d'en arriver là.

Différentes préparations sont utilisables :

• **Lait maternisé**. Il en existe plusieurs. Ils sont bien sûr tous à base de lait de vache. En cas d'antécédents allergiques importants, il convient soit de les éviter d'emblée, soit d'utiliser les laits dits « hypoallergéniques (HA) » qui représentent une précaution mais restent insuffisants, car les protéines allergisantes ne sont que partiellement hydrolysées et n'ont donc pas perdu tout leur pouvoir allergisant.

Chez les allergiques aux protéines de vache, le lait de chèvre peut rendre un réel service, de même en cas d'infections respiratoires répétitives, mais cela se pose rarement avant six mois et si c'est le cas, il est plus sage de faire d'abord un essai avec des laits sans protéines de lait de vache tels qu'on peut en trouver en pharmacie. Le lait de chèvre sera bien sûr coupé, sucré (avec un bon produit), les graisses seront améliorées (enlever la crème et mettre de bonnes huiles dont colza ou lin), mais un avis compétent est alors indispensable à cet âge.

• **Lait d'amande**. C'est celui auquel va notre préférence.

– Il existe plusieurs préparations toutes faites dans le commerce. Certains se diluent moins bien que d'autres, essayez donc une autre marque en cas de difficulté. C'est un produit peu connu, mais très utile. Il manque un peu de sucre, de vitamine C et d'acide gras de la série oméga 3. Il sera donc doucement sucré, mais pas avec n'importe quoi : du sucre complet du type mélasse ; du malt d'orge ou de maïs. Dans la journée, un peu de jus de raisin constituera aussi un apport utile. Une dizaine de gouttes d'huile de lin (hélas pour le moment interdite en France) ou une trentaine d'huile de colza ou d'huile de poisson seront ajoutées quotidiennement dans les biberons.

– On peut aussi faire des préparations à la maison.

À partir de purée d'amande : c'est une simple solution de dépannage, car ces produits oléagineux en purée ne sont pas merveilleux. Sans doute s'oxydent-ils au contact de l'air, ce qui les rend moins digestes. Diluer sur la base de 10-12 grammes pour 100 millilitres d'eau. Au départ mettre peu d'eau, bien mélanger, puis ajouter peu à peu en délayant à chaque fois.

À partir d'amandes, ce qui est la meilleure solution : 50 grammes d'amandes pour un demi-litre d'eau minérale : ne jamais préparer pour plus d'une journée, jeter le soir ce qui n'a pas été consommé (ou mieux, le faire boire à un autre enfant ou l'utiliser en cuisine). Faire tremper les amandes 12 à 24 heures dans l'eau, puis enlever la peau et réduire en purée avec un bon mixer pendant quelques minutes (un plongeur à soupe est suffisant, mais un bon mixer-tulipe est plus pratique). Filtrer ensuite dans une mousseline pour bien enlever les pulpes d'amandes avec lesquelles on préparera des gourmandises saines pour les plus grands (en mélangeant cette pulpe avec de la poudre de cacao ou de caroube et un peu de sirop d'érable par exemple ; laissez libre cours à votre esprit créatif).

• **Lait de soja**. Il sera coupé d'eau minérale, environs 50 % durant les deux premiers mois, 30 % ensuite. Dans cet esprit, on pourra utiliser le lait soja et riz : cela revient un peu à couper le lait de soja, le lait de riz, lui, n'étant pas très nutritif, ce qui est d'ailleurs son avantage, mais pas dans le cas de l'alimentation du nouveau-né. Il faut se méfier du soja chez les allergiques et chez ceux qui ne supportent pas le lait de façon générale.

• **Lait de graines de tournesol** à base de graines germées. C'est la même préparation que pour le lait d'amande, sur la base de 50 grammes de graines pour un demi-litre d'eau. Faire tremper les graines 12 à 24 heures, puis enlever les peaux et mixer avec un bras à soupe ou un mixer-tulipe. Ne pas oublier de filtrer pour enlever la pulpe et la récupérer. Bien agiter avant emploi.

• **Lait d'avoine**. Il sera évité à cette période, comme toutes les céréales contenant du gluten (blé, épeautre, orge, avoine, seigle). C'est une précaution dont il faut vraiment tenir compte car le risque est de créer une hypersensibilisation transitoire ou définitive au gluten, ce qui est vraiment préjudiciable. Le lait de riz n'est pas assez nutritif pour être utilisé à ce stade. Par contre, on pourra utiliser le **quinoa**.

Pour tous les laits de céréales, procéder ainsi :

Faire tremper les graines nettoyées pendant 12 heures (80 à 100 grammes pour un litre).

Cuire doucement dans quatre volumes d'eau.

Mixer plusieurs minutes la préparation en rajoutant à nouveau deux volumes d'eau chaude.

Ne pas oublier de filtrer pour les bébés de moins de six mois.

Ces laits de céréales doivent être additionnés d'huile (10 à 15 gouttes par jour d'huile de lin, de colza ou de poisson).

• On pourra aussi préparer des **laits complexes** à base de céréales, légumineuses, légumes, algues, oléagineux. Attention aux fibres! Cuire longtemps dans beaucoup d'eau puis passer au chinois ou au moulin à légumes avec la plus petite grille. Il existe certains produits de ce type en pharmacie ou en magasin d'alimentation saine. Ils ne comportent pas de protéines de lait de vache mais en général du soja.

Aucun produit ne peut prétendre remplacer le lait maternel, ne serait-ce que sur le plan nutritionnel. En l'absence de tout problème, utiliser par exemple deux fois par jour du lait maternisé, deux fois par jour du lait d'amandes, une fois un autre lait et une fois du jus de raisin. Il est clair qu'en cas de trouble du nourrisson, il faut essayer de comprendre ce qui ne va pas dans l'alimentation au lieu d'user de médicaments. L'une des premières mesures à prendre, souvent suffisante mais pas toujours, est la suppression des produits laitiers de vache.

Dans tous les cas, on pensera surtout au problème des graisses, autrement plus important que celui du calcium: apport équilibré en acides gras de la série oméga 6 et oméga 3, en particulier apport suffisant en oméga 3 (huile de colza, de noix, de lin si l'on peut s'en procurer à l'étranger).

Tout cela mis bout à bout, on se demande vraiment pourquoi les laits d'enfants se servent plutôt du support lait de vache que du support fruits oléagineux, amandes en particulier. Bien sûr, il y aurait encore de multiples adaptations à faire, mais probablement moins; et les problèmes de dérégulation immunitaire et hormonale n'existeraient plus, on aurait affaire à un aliment au sens habituel du terme. Il est en tout cas souhaitable de diversifier pour limiter les erreurs. Toute une gamme de produits végétaux, notamment à base d'amande, vient de voir le jour, complétant les laits d'amande déjà existants, avec une attention particulière vers le tout premier âge.

## De six mois à douze mois

À six mois, le sevrage total ou partiel est envisageable, encore que l'allaitement intégral puisse être poursuivi deux à quatre mois si les courbes de croissance sont bonnes, le bébé « heureux », et la maman en forme.

À partir de cette période, l'introduction de nouveaux aliments va pouvoir être proposée de façon prudente : un aliment à la fois tous les deux ou trois jours, pour bien observer la bonne tolérance : transit intestinal, bonne digestion, réactions allergiques éventuelles.

Logiquement, les jus de fruits ou de légumes pourront être introduits s'ils ne l'ont pas déjà été précédemment. De préférence des jus frais faits maison avec des produits mûrs. Si les produits sont achetés, n'accepter aucun sucre ajouté, colorant ou autre additif.

L'introduction de divers légumes, en faisant très attention aux fibres, est également possible. Le moulin à légumes ou le tamis est préférable au mixer, ou alors il faut un très bon mixer afin d'obtenir une préparation vraiment lisse où toutes les fibres ont été broyées. Il est essentiel de ne pas irriter les intestins du nourrisson. Les laits précédemment énumérés conviendront parfaitement pour faire les purées, qui seront peu à peu moins liquides. Purée n'est pas synonyme de lait de vache ! Pour les gros mangeurs, le lait de riz trouvera ici une bonne place car il est peu chargé en nutriments, il peut être fait maison sur la base habituelle des laits de céréales. Les purées sont un bon support pour ingérer de bonnes huiles.

Pour ceux qui le désirent, c'est le moment de commencer à introduire des produits animaux : viande et/ou poisson, séparément bien sûr. Préférez les poissons gras (sauf ceux d'élevage) et les cuissons respectant au mieux les graisses (cuissons détaillées ultérieurement). Le jaune d'œuf sera introduit séparément du blanc, il est très intéressant sur le plan nutritionnel, surtout s'il est de qualité biologique. Le blanc d'œuf, lui, est allergisant : il faut donc l'introduire à part et bien observer.

Introduction des laitages pour ceux qui le désirent. De préférence issus de l'agriculture biologique et à 0 %, en les complétant avec de bonnes huiles végétales : olive chaque jour (surtout en cas de constipation) et huiles de première pression à froid variées. C'est l'équivalent de ce que fait l'industrie alimentaire pour les laits maternisés. Éviter le sucrage ou le limiter au minimum. Variez vache, chèvre et brebis.

> Dans tous les cas, ne pas donner à l'enfant plus d'un produit animal par repas, sans oublier que le lait est un produit animal.
>
> Ne « refilez » pas (il n'y a pas d'autre mot et c'est volontairement un peu trivial) vos mauvais conditionnements à vos enfants : ils connaîtront assez tôt les mauvais sucres. Restez dans la lignée du lait maternel : doux et pas sucré. Les enfants ne réclament pas un dessert à cet âge. C'est dans votre tête : évitez-leur les mauvaises habitudes, laissez le plat principal avec un minimum de mélanges, tout fonctionnera bien mieux. Plutôt que le sucre, faites-leur découvrir les autres saveurs de la nature : différents aromates, vanille, cannelle, etc.

À partir de six mois, on peut introduire des céréales avec gluten et des légumineuses. Il est nécessaire de bien les cuire dans quatre à six volumes d'eau, avec des algues si possible, puis de passer pour éviter les fibres.

Variez les céréales, pensez au blé noir, au quinoa, à l'amarante [1]. Dès cet âge, il est préférable d'utiliser de vraies céréales et non des produits raffinés à mauvais index glycémique. Il est même souhaitable de les faire prégermer, elles seront à la fois plus digestes et plus denses sur le plan nutritionnel. En dépannage, il existe dans le commerce des céréales complètes germées en poudre, donc très pratiques d'utilisation.

Par ailleurs, continuer à varier les laits comme dans la période précédente : la diversité limite les erreurs. Ne tombez pas dans le piège des quatre à six laitages de vache par jour. C'est une erreur, rassurante car habituelle, mais une erreur tout de même.

Pendant toute cette période, pensez surtout à sélectionner de bons sucres et de bonnes graisses en quantité suffisante. Un apport en vitamine D est fort utile d'octobre à juin. Si vous craignez une carence en

1. En vente dans certains magasins de produits naturels.

calcium, pensez aux eaux minérales (Contrex, Hépar), éventuellement à un complément.

## De douze à vingt-quatre mois

Dans nos sociétés du moins, le problème à cette période est avant tout la lutte contre le trop et les calories vides.

Veillez à un apport suffisant en bonnes graisses et en sucres à bon index glycémique.

Limitez l'apport protéique: si on compte en moyenne 1 gramme par kilo par 24 heures, en prenant un poids moyen de 12 à 15 kilos, la dose conseillée est atteinte avec un demi-litre de lait de vache à lui tout seul ou un bifteck de 70-80 grammes. Cela vous permet de vous rendre compte à quel point ces charmants enfants sont surchargés en protéines et combien l'utilisation de laits végétaux peut être utile dans le cadre d'une saine prévention.

La vraie prévention des problèmes à venir se situe là.

Ce n'est pas à quarante ou cinquante ans qu'il faut tout à coup se «préoccuper» de «son cholestérol».

> Pour toute cette période, retenons bien que l'apport calcique ne devrait en aucun cas constituer le souci principal, car il est facilement atteint: l'attention doit beaucoup plus être portée vers:
>
> • La chasse aux calories vides;
>
> • L'apport de bons sucres: céréales (des vraies), légumineuses, légumes et fruits;
>
> • L'apport de bonnes graisses en quantité et en équilibre juste;
>
> • Un apport suffisant mais non excessif de protéines: un produit animal par repas seulement (laitage inclus) et réhabilitation des protéines végétales;
>
> • Un apport varié de légumes et de fruits.

# Du bon usage des produits laitiers

## Choisir son laitage

Ce chapitre n'est pas là par amour du paradoxe, ni comme un faux-fuyant. Notre position est claire : la vie est prévue sans produit laitier après le sevrage, la santé est meilleure sans ou avec peu de produits laitiers.

Selon la manière dont le lait est travaillé, préparé et accommodé, on obtient une gamme de produits tout à fait large allant de la crème chantilly ultralégère à la tomme de montagne qu'il faut bien mâcher. Le fromage de chamelle est encore plus sec, il faut presque l'attaquer au burin ou en tout cas le râper. Cette diversité explique que les différents produits issus de sa transformation aient des propriétés notablement différentes dans notre organisme. C'est une idée assez étrangère à notre façon de penser, mais c'est la base de toutes les diététiques médicinales traditionnelles : selon la façon dont un aliment est « traité » (mode de cuisson, assaisonnement, mélange avec d'autres aliments ou condiments...) il développe de façon élective certains aspects de sa « personnalité » et en conséquence certaines actions dans l'organisme de celui qui l'ingère. Cela est bien observable avec le lait et ses principaux dérivés. Il importe donc d'en prendre conscience et de le repérer. Si, donc, on décide de prendre un produit laitier, autant prendre celui qui fait le plus de bien, qui est le plus adapté à la personne et lui fait plaisir.

Notre connaissance des produits peut aider, mais le point de repère le plus important reste l'écoute du corps et de ses réactions : le déroulement de la digestion, le sommeil, l'ambiance intérieure... En sachant que certaines réactions positives ou négatives mettent quelques jours voire quelques semaines pour s'installer.

Le moment idéal pour observer sera donc à la suite de l'expérience de suppression, qu'elle ait duré trois mois, un an ou davantage. Lors de la reprise de certains produits laitiers, le risque de retrouver les troubles précédents est loin d'être nul si on reprend les mêmes habitudes quantitatives et qualitatives. Mais si l'on sait comment adapter et quels types de produits sont à éviter dans son propre cas, on arrivera à se faire plaisir tout en minimisant les nuisances, entrant ainsi dans une gestion intelligente de ses contradictions.

### Le lait

Le lait est un aliment, non une boisson, et il doit être évité en tant que boisson d'autant plus qu'il sera entier (40 grammes de beurre par litre) ou concentré, aromatisé ou sucré, glacé.

Que dire du lait UHT (U à jeter) ? Pour vous convaincre qu'il est bon à jeter, faites l'expérience suivante : prenez deux bols, dans l'un mettez du lait biologique frais et dans l'autre du lait UHT entier, laissez entre 24 et 48 heures à température de 20 à 25 °C et observez. Pas de commentaire, même le chat domestique ne léchera pas le bol de lait UHT. Le procédé de transformation à ultrahaute température, d'une part modifie profondément la structure des graisses du lait et d'autre part altère partiellement les protéines, selon une réaction de type Maillart.

Mélangé au café, le lait rend l'ensemble indigeste, parfois source de maux de tête ou de difficultés digestives. Mélangé au thé, il précipite les molécules bioactives de celui-ci (anti-oxydants, tanins) et lui enlève donc son intérêt, surtout bien établi pour le thé vert.

À la cuisine, il est facile à remplacer par l'un ou l'autre des laits végétaux selon les cas (amande, avoine, riz, soja). Le lait de coco, que l'on trouve de plus en plus facilement, est peu recommandable quant aux graisses qu'il fournit, mais son goût marqué peut distraire à l'occasion. Chacun de ces laits a des qualités nutritionnelles et culinaires propres, mais aucun ne doit devenir une boisson consommée sans limites.

Si l'on veut tout de même consommer du lait, le prendre plutôt chaud ou tiède avec des épices (sel, poivre, cannelle, gingembre, cardamome...) et en évitant de sucrer, comme cela se fait en Inde. Ce mode de préparation tempère l'aspect humidité froide du lait.

Certains conseillent un verre de lait pour s'endormir. Cela a même été repris par une marque de yaourt qui ajoute des extraits de plantes sédatives pour favoriser l'endormissement ! Pourtant beaucoup de personnes, et d'enfants en particulier, ne dorment pas à cause du lait et de ses dérivés, en particulier du beurre. Un des signes typiques est l'insomnie d'endormissement avec l'agitation des pieds qui deviennent chauds et gênants au bout d'un certain temps, les gens les sortent du lit ou au moins cherchent le froid dans le lit avec les pieds ; beaucoup d'enfants à l'endormissement difficile décrivent bien cela. Ce phénomène peut se reproduire dans le courant de la nuit chez les plus atteints. Néanmoins, quand on est dans l'état d'insomnie, le fait de boire un bol de lait permet souvent de se rendormir. C'est vrai, ça marche. Il est clair que dans ce type de trouble du sommeil, il n'y a pas de raison psychologique majeure, les intéressés ne saisissent pas pourquoi ils ne s'endorment pas. Mais en fait tout liquide blanc a le même effet, le lait d'amande en particulier (méfiez-vous tout de même du pastis !). Par ailleurs la prise d'un liquide blanc de façon préventive ne marche pas : boire un bol de lait avant de se coucher (ou un yaourt sans « somnifère » intégré) n'aide à s'endormir que ceux qui s'endormiraient de toute façon. Il faut être dans l'état d'insomnie pour que ce soit efficace.

Deux sous-produits liquides du lait retiennent l'attention, car leur saveur acide et la lacto-fermentation les rendent dignes d'intérêt : d'une part la saveur acide « réchauffe » le lait, d'autre part la préparation de type lacto-fermentation amène des probiotiques intestinaux ; enfin ces produits sont dégraissés.

• **Le lait ribot** ou lait baratté, qui est donc le surnageant du beurre après barattage. Traditionnellement, il se consomme soit avec des pommes de terre, soit avec des galettes de blé noir ou des châtaignes. Cette combinaison n'est pas *a priori* fameuse (féculent + acide), mais en général elle passe bien, dans la mesure où c'est l'unique plat du repas, sans autre mélange.

• **Le petit lait** ou lactosérum – sous-produit de la fabrication du fromage – aurait des vertus médicinales, notamment en mono-diète, mais on entre ici plus dans un traitement naturopathique que dans un mode alimentaire. La cure ne doit pas être désagréable si on accorde crédit au dicton populaire : « Ça se boit comme du petit lait. »

### La crème

Elle sera habituellement évitée. S'il est vrai que le plaisir de la crème chantilly est inimitable, par contre, dans presque toutes les autres utilisations culinaires, le même velouté peut s'obtenir assez facilement en utilisant des oléagineux .

### Le beurre

Un bon beurre frais de ferme peut constituer une réelle gourmandise de temps à autre. C'est aussi, à notre connaissance, inimitable, ce qui n'est pas une raison pour en consommer beaucoup régulièrement. Les teneurs en vitamines A et D ne constituent en aucune façon un alibi, nous en avons déjà parlé. Par ailleurs, le beurre ne contient pas de calcium, même si certaines images publicitaires le présentent astucieusement dans une panoplie de produits laitiers avec un slogan du genre « Vive le calcium » ou « Soignez vos os ».

En cuisine, le beurre est assez facilement remplacé, mais on obtient toujours un goût différent, que l'on utilise de l'huile ou un mélange huile-graines oléagineuses mixées.

Les troubles du sommeil liés à la consommation de produits laitiers peuvent être entretenus par la seule consommation de beurre.

### Les yaourts

Ils jouissent d'une image de marque teintée d'une note médicinale et représentent environ 70 % des desserts en France. Leur consommation est en perpétuelle expansion. Normalement, ils sont présentés comme un aliment intestinal probiotique, donc favorisant la vie de notre écosystème intestinal, de plus protecteur contre certains cancers…

Et pourtant, cliniquement, leur suppression soulage beaucoup de ventres, évite bien des éternuements, élimine des coups de pompe après les repas, calme des tendinites et améliore la vie de nombreux spasmophiles. Il est un peu frustrant de ne pas avoir, pour l'instant, d'explications réelles, mais les faits sont là, tellement reproductibles !

Traditionnellement, le caillage du lait représente le mode de conservation naturel, voie de passage vers les fromages.

Le caillé est un produit d'allure sympathique, de saveur acidulée, riche en acide lactique et en ferments lactiques qui digèrent partiellement le lactose, évitant donc logiquement des problèmes intestinaux. Normalement, la majorité des graisses forme une couche sur le dessus, si bien que le caillé à proprement parler est plutôt maigre.

Les yaourts sont une variante de ce caillage. L'aspect et le goût vont être différents selon les modes d'ensemencement, les techniques de brassage... Toutes ces procédures sont bien codifiées actuellement, assurant ainsi une fiabilité des qualités gustatives et microbiologiques des produits.

Pour l'obtention du caillé, il n'y a en principe aucune manipulation, la présure est inutile. Un bon lait biologique caille tout seul si la température est suffisante.

Pour les yaourts actuels, il en va différemment. Les opérations sont multiples : le lait est refroidi, stocké, pasteurisé puis réensemencé... Est-ce une partie de l'explication des différences de comportement des produits dans notre corps ?

Le lait caillé se consomme frais et à température ambiante, et est suffisamment doux pour ne pas devoir être édulcoré. Les yaourts se consomment après plusieurs jours, glacés, la plupart du temps édulcorés et arrivent de plus en fin de repas, ce qui complique encore leur digestion. Y a-t-il là une autre part d'explication aux désagréments qu'ils engendrent ou les absorbe-t-on tout simplement en quantité abusive ?

À chacun d'essayer, mais observez bien s'il n'y a pas un lien entre leur consommation et

• Des troubles digestifs : ballonnements, troubles du transit (constipation ou diarrhée) ; n'oublions pas non plus les brûlures gastriques et œsophagiennes, de nombreux porteurs de hernies hiatales ou diaphragmatiques sont en effet soulagés par leur suppression ;

• Des éternuements ;

• Des boutons du visage (acné notamment) ;

• Des coups de pompe très importants 15 ou 30 minutes après leur prise ;

• À plus long terme, si leur suppression n'améliore pas les douleurs de type tendinite ou des manifestations de type spasmophile.

Dans tous les cas, faites l'épreuve de suppression pour bien observer ce qui se passe. Leur image de marque semble bien usurpée.

Quant aux yaourts au bifidus, ils aident éventuellement (?) très momentanément, mais ces fameux bacilles ne se fixent pas ou peu dans l'intestin, à la différence des bifidus présents naturellement chez le nouveau-né élevé au lait maternel.

La consommation de yaourts écrémés est une erreur, car ils perdent ainsi leur caractère velouté, ce qui entraîne une utilisation abusive d'édulcorant en compensation, donc aggrave le tout. Par contre, il est possible de leur rajouter une cuillère à soupe d'une bonne huile de pression à froid, ce qui recrée le velouté et amène des bonnes graisses.

### Les fromages blancs

Ils représentent un stade de plus vers l'égouttage et le fromage. Le lactose y est normalement moins présent que dans le lait, mais ils ne semblent guère plus recommandables, du moins les fromages blancs du commerce. Il en va autrement avec ceux obtenus à la maison en égouttant le lait caillé dont nous avons parlé précédemment.

### Les entremets

Ils constituent des aliments-plaisir incontestables pour certains, mais ne peuvent être recommandés pour la santé en aucun cas vu leur mode de sucrage et les innombrables molécules surajoutées.

### Les glaces

Elles cumulent tous les inconvénients, n'en faisons pas une habitude.

Ces deux dernières catégories de laitages sont aisément remplacées par des produits faits maison à base de laits végétaux ou de fruits, c'est meilleur et en même temps plus sain.

### Les fromages

Les fromages représentent le fleuron de la créativité laitière en France. Ils sont inimitables et représentent, eux aussi, des aliments-plaisir incontestables. Pauvres en lactose, ils seront mieux digérés mais restent très gras, ce qui pose la question de l'assimilation du calcium qu'ils sont censés fournir puisque les graisses précipitent souvent le calcium dans les intestins.

Les fromages fermentés sont particulièrement riches en histamine et tyramine et sont donc peu recommandables à tous les allergiques.

Certains fromages semblent préférables : comté, beaufort, emmental, parmesan. S'ils restent gras, ils ne génèrent que peu de glaires. Comme par hasard, leur caillé est chauffé avant l'égouttage, ce qui limite leur caractère humide et froid.

Les fromages de chèvre et de brebis n'ont pas, habituellement, l'aspect allergisant des fromages de vache, et donc les allergiques pourront en consommer impunément ; mais attention, leurs graisses ne sont pas préférables et le problème du lactose reste entier. Ces produits ne génèrent pas ou peu de glaires et sont donc recommandés en remplacement des produits bovins dans le cadre des pathologies hivernales des enfants : rhinopharyngites et otites répétitives, mais il importe tout de même d'en user raisonnablement.

### Le chocolat

Il contient souvent des produits laitiers. Il doit être impérativement exclu pendant la période de suppression à l'exception du vrai chocolat noir qui contient au moins 70 % de cacao. Les vertus médicinales prêtées au chocolat sont dues aux fèves de cacao et non à tout ce qui est rajouté pour le rendre agréable au palais.

## En pratique

**Chez les allergiques**, exclusion totale des produits à base de lait de vache.

Cliniquement, on constate que de nombreux sujets allergiques – quel que soit l'allergène incriminé et même si les tests habituels ne sont pas positifs pour le lait – se trouvent beaucoup mieux en supprimant les produits laitiers. Les mécanismes en cause sont multiples et concernent en particulier le comportement du lait dans l'intestin : il modifie d'une part la flore, d'autre part le film muqueux intestinal et se comporte souvent – à tout âge – comme un agent irritatif. S'il n'y a pas d'amélioration (après une élimination rigoureuse pendant trois mois) il faut rechercher une autre intolérance protéique, la plus commune étant celle au gluten. *A priori* mieux vaut ne pas envisager le soja en remplacement, car les allergies croisées ne sont pas rares, mais plutôt une consommation modérée de produits de chèvre ou de brebis. Se méfier particulièrement des fromages fermentés. De plus en plus de personnes ont des démangeaisons cutanées inexpliquées (dermographisme), elles feront bien d'essayer l'épreuve de suppression.

**Ceux qui ont des troubles digestifs chroniques**, souvent mal expliqués, se trouveront bien d'essayer de supprimer les produits laitiers, ils n'ont qu'à y gagner et pourront reprendre en l'absence de résultat. Il peut s'agir de troubles du transit intestinal (constipation ou diarrhée), ballonnements, brûlures gastriques ou œsophagiennes en particulier des hernies hiatales (yaourt), maux de ventre de l'enfant…

Chez l'enfant en particulier, la constipation opiniâtre avec ou sans fissure anale justifie l'essai.

**Pour les insomniaques,** se méfier surtout des graisses, en particulier du beurre.

**Pour ceux qui ont des glaires** (rhinopharyngites, otites et bronchites des enfants en particulier, mais aussi pertes gynécologiques non infectieuses), éviter tous les laitages humides, sucrés, glacés. Consommer éventuellement des produits de chèvre (mais pas de lait sucré). Pour les produits de vache, se contenter des pâtes dures cuites (comté, beaufort, emmental, parmesan).

**Pour ceux qui ont des tendinites ou pour les spasmophiles**, et tous ceux qui ont un terrain acide, éviter les yaourts ; éviter aussi les tomates, les sucres et les fruits pas mûrs.

**Dans toutes les pathologies graves** : inflammatoires, cardiovasculaires, auto-immunes ou cancéreuses, arrêt total de tous les produits laitiers, en se méfiant de tous les produits cachés comme la poudre de lait (lire soigneusement les étiquettes).

**Dans le cadre d'une saine prévention**, réserver aux jours de fête l'utilisation des mélanges lait-sucre et consommer modérément les laitages salés ou acides (une fois par jour au maximum).

**Dans tous les cas,** si l'épreuve de suppression a été bénéfique, il faut se montrer très observateur au moment de la reprise. Mais au fait, pourquoi reprendre ?

# Conclusion

Que la curiosité, la recherche d'autres plaisirs alimentaires ou d'un mieux-être, la dure nécessité née d'une maladie ait guidé votre démarche, nous sommes heureux d'avoir partagé avec vous un bout de chemin.

Le lait et ses dérivés sont manifestement une source de plaisirs alimentaires dans notre culture. Prenons-les comme des produits-plaisir, à petite dose. Au-delà, les aspects négatifs l'emportent très vite, car ces produits-plaisir ne sont hélas pas des produits-santé, surtout actuellement, compte tenu de notre façon de les produire et de les consommer. Les graisses du lait ont été les premières à faire l'unanimité contre elles, puis le lactose a été démasqué, depuis quelques années c'est le rôle néfaste des protéines qui est mis au grand jour, sans même parler des dérégulations immunitaires et hormonales. Tout cela est scientifiquement prouvé, mais plus ou moins inconsciemment occulté par certains et savamment caché par d'autres. Les bienfaits obtenus par l'épreuve de suppression en sont une preuve suffisante.

Même sans lait ni laitages, l'alimentation reste un vrai plaisir, les repas agréables, de très nombreuses gourmandises et fantaisies sont possibles. L'apport calcique ne constitue pas un réel problème, les solutions sont variées et simples pour en ingérer un gramme par jour. Le choix des protéines, des graisses et des sucres que nous ingérons est un enjeu beaucoup plus important. Rester dans l'équation calcium = produits laitiers nous force à faire un mauvais choix.

Sans doute cet ouvrage sera-t-il mis à l'index par tous les intransigeants fanatiques des écoles diététiques officielles et marginales. Ce n'est pas le livre d'une école, ni d'une idéologie alimentaire toute faite. Ces quelques pages sont comme un bourgeon printanier, chacun l'aidera à éclore à la lueur de ses propres expériences, de ses goûts, de sa culture.

Nous n'avons pas voulu enfermer ou canaliser mais montrer plusieurs possibilités que chacun explorera pas à pas en respectant quelques grands principes :

Que l'expérience reste votre cheval
Vos sensations, votre boussole
Votre savoir, un fer de lance et un garde-fou

Bonne route...

TROISIÈME PARTIE

# Plus de 160 recettes

# Bien choisir les ingrédients

Le premier point est d'utiliser des produits frais et de culture biologique, non par idéologie ou parce que c'est la mode, mais parce que ces produits sont naturellement succulents. Bien sûr, comme par hasard, ils nous nourrissent mieux ; mais pour un cuisinier, l'essentiel est qu'un plat soit bon, savoureux.

Plus les produits sont frais et naturels, moins les artifices culinaires sont utiles. Un bon légume, simplement cuit à la vapeur ou à l'étouffée, nous remplit d'aise. Ce principe ne s'applique pas seulement aux fruits et légumes, mais aussi aux produits animaux.

Le premier travail du cuisinier est de bien s'approvisionner.

Le deuxième point est d'utiliser des produits peu ou pas raffinés. Leur choix nous confronte à des changements de couleur (ils sont moins blancs que blanc), de saveur, éventuellement de consistance. Après une période d'adaptation, il est très fréquent de voir les consommateurs devenir des inconditionnels de ces produits. Sur le plan nutritionnel, leur supériorité est bien établie.

Prenons l'exemple du pain, dont l'utilisation résume à peu près tous les aspects de la question. Le pain blanc léger, aérien, monté à la levure rassit le lendemain, ne nourrit guère. Le vrai pain, fait avec de la farine biologique semi-complète (dite « à 80 ») ou un peu plus blanche (dite « à 65 »), monté au levain – à ne pas confondre avec certains pains dits « complets » –, est certes moins blanc, moins troué, plus dense. Il faut le mastiquer pour vraiment le savourer. Il se conserve plusieurs jours et nourrit vraiment celui qui le mange. Son usage est à la fois pratique, agréable et sain.

### Le sel

À utiliser beaucoup moins qu'en cuisine conventionnelle.

Choisir du vrai sel non raffiné, ou mieux, de la fleur de sel. Ce type de sel est plus que du simple chlorure de sodium. Il conserve une richesse en minéraux et en oligoéléments.

Certains produits sont aussi intéressants car ils permettent de saler en utilisant d'autres produits connexes qui ajoutent du goût et des nutriments : sel aux herbes, sel aux algues, gomasio, sauce salée de soja (soyu ou tamari), miso.

### Le sucre

D'abord, pas de sucre raffiné blanc, très nocif pour la santé, exemple typique et caricatural de calorie vide. S'en méfier en particulier dans toutes les préparations de l'agroalimentaire.

Le suc de canne complet est de loin préférable pour sucrer une boisson, mais en cuisine son usage alourdit considérablement les préparations, et nous utilisons donc du sucre roux biologique, en en limitant tout de même la quantité. L'appellation « sucre roux biologique » permet d'être sûr qu'il ne s'agit pas de sucre blanc coloré ou caramélisé. On peut aussi utiliser pour sucrer des fruits secs trempés et coupés en tout petits morceaux. Bien sûr, les édulcorants de synthèse sont à bannir.

### Les vinaigres

Nous préférons le vinaigre de cidre, de vin, ou de prune, les trois issus de culture biologique. Le vinaigre d'alcool est à éviter.

### Les moutardes

Choisir des moutardes comportant un bon vinaigre, un bon sel et des graines de moutarde de préférence complètes, type moutardes à l'ancienne.

### Les huiles

Elles seront toujours de première pression à froid et de culture biologique.

Pour la cuisson, seule l'olive convient. L'huile d'arachide doit être évitée en raison du risque majeur d'allergie, comme d'ailleurs tout ce qui concerne la cacahuète, allergène numéro un aux États-Unis.

Pour les assaisonnements, varier les huiles, que l'on achètera dans des bouteilles en verre foncé et de préférence en demi-litre si l'on en consomme peu. Elles sont conservées à l'abri de la lumière et de la chaleur. Utiliser en particulier les huiles riches en acides gras de la série oméga 3 : huile de lin, colza, noix, soja. Mais utiliser tout de même les autres qui sont riches en oméga 6 : sésame, carthame, tournesol. L'huile d'olive doit garder une place importante en assaisonnement. Elle est riche en acide mono-insaturé, l'acide oléique.

Toutes ces huiles ont un goût marqué, mais pourquoi préférer les produits insipides ? On évitera systématiquement les huiles raffinées qui sont nocives pour la santé car très chargées en acides gras trans. Ne nous laissons pas influencer par leur prix modique, elles ne valent vraiment rien.

### Les pâtes à tartiner

Éviter les produits dits « allégés » ou « végétaux » à base d'huile de palme ou de coprah. Les pâtes toutes faites du commerce sont dans l'ensemble peu recommandables. En choisir éventuellement avec la mention « non hydrogénée », « riche en oméga 3 ».

### Les graines

Qu'il s'agisse de céréales, de légumineuses ou d'oléagineux, les graines sont une base extrêmement intéressante, aussi bien pour leur apport en protéines, en bons glucides, en fibres, minéraux, vitamines et substances bioactives nombreuses et variées. En ce moment, le soja est en train de prendre le leadership, car les lobbies du soja sont très puissants. Mais il ne faut pas oublier que de très nombreuses autres graines sont largement aussi intéressantes, y compris pour les phyto-œstrogènes actuellement en vedette.

#### • Les céréales

Elles sont nombreuses. Sans gluten : le riz, le millet, le blé noir ou sarrasin, le quinoa, le maïs. Avec gluten : le blé, l'épeautre, l'orge, le seigle, l'avoine. Les faire tremper, si possible, 12 heures avant cuisson. Pour un volume de céréale, mettre deux volumes d'eau. Porter à ébullition puis cuire à feu le plus doux possible, jusqu'à absorption complète de l'eau. Pour cette cuisson, il importe d'avoir du bon matériel : soit une casserole à fond épais type inox 10/18 ou une cocotte en fonte. Dans les deux cas, mettre un couvercle pendant toute la cuisson.

• **Les légumineuses : lentilles, haricots, pois chiches, pois cassés**
Leur cuisson nécessite quelques précautions, faute de quoi ces graines ne sont ni bonnes ni très digestes. D'abord trempage d'au moins 12 heures, voire début de germination. Puis cuisson lente, en ajoutant peu à peu de l'eau si besoin, et en utilisant un émollient, soit une algue kombu (existe dans certaines boutiques bio), soit de la sarriette (herbe aux haricots des Allemands).

• **Les oléagineuses : amandes, noisettes, noix, graines de tournesol, sésame, lin, graines de courge, olives**
Tous les oléagineux secs méritent d'être réhydratés avant usage, surtout crus (trempage de quelques heures à quelques jours), car ils sont ainsi plus digestes et meilleurs au goût. On peut avoir des noix fraîches toute l'année en les réhydratant ainsi !! Hélas elles ne peuvent être moulues dans un moulin à café que sèches, on doit donc se contenter de graines non réhydratées pour faire de la poudre.

### Les œufs

Choisir des œufs issus d'élevage biologique. On trouve actuellement dans presque tous les points de vente des œufs avec un label AB (agriculture biologique). C'est déjà un progrès, même si les critères d'obtention de ce label ne sont pas totalement satisfaisants.

### Les laits végétaux

Il est difficile d'en faire un tableau précis, car la composition dépend des marques, et si on les fait à la maison, les variations sont encore plus difficiles à apprécier. Néanmoins, quelques orientations générales permettent de les utiliser à bon escient. Le gros inconvénient de ces laits est leur prix, bien qu'il n'ait rien à envier aux laits dits « de croissance ».

Précisons d'abord qu'ils n'ont pas la richesse en calcium du lait de vache, cela doit être bien clair. Le lait d'amande est le meilleur de ce point de vue, si on excepte le lait de soja artificiellement complémenté.

Le lait d'amande est nourrissant, bien supporté, digeste et a un goût agréable. Il est à utiliser en priorité chez le jeune enfant.

Le lait de soja est lui aussi nourrissant, mais son goût est très moyen, sa digestibilité médiocre. Les utilisateurs sont tentés de l'édulcorer avec du sucre, ce qui est peu favorable vu sa richesse en protéines. Dans les pays traditionnellement consommateurs de soja, l'usage du lait est peu important. On le réservera à quelques usages culinaires.

Le lait d'avoine, un peu amer, apporte des protéines dont du gluten et de bons sucres, sa texture le rend utile dans certaines recettes, il est plus dense que le lait de riz.

Le lait de riz est peu nourrissant et naturellement sucré, ce qui le rend très agréable à la consommation ; en cuisine, il est plus léger. Il peut constiper certains.

Le mélange soja (20 %) et riz (80 %) est un compromis éventuellement intéressant.

### L'eau

C'est un problème très complexe et il est difficile de donner des orientations définitives. Il est sûrement préférable de filtrer l'eau du robinet si on l'utilise. En boisson comme en cuisine, on peut utiliser des eaux de source ou des eaux minérales, mais il faut se méfier des modifications d'aspect ou de goût qu'elles peuvent provoquer. Certains thés ne sont guère appétissants avec une eau très minéralisée. De même, les céréales cuites avec des eaux riches en calcium restent beaucoup plus dures, on n'arrive pas alors à obtenir une consistance moelleuse. Ces modifications sont moins apparentes dans les soupes.

### Certains produits nous semblent justifier une attention particulière

• Les produits de la mer, hormis ceux d'élevage, en ce qui concerne les produits animaux ;

• Le chou sous toutes ses formes, en particulier la choucroute ;

• Dans les céréales, le riz et le quinoa, dont l'intérêt est d'être sans gluten. La farine de quinoa en particulier permet de faire de nombreuses préparations habituellement réalisées avec du blé, comme les crêpes, les fars, etc., à condition d'en mettre environ simplement la moitié en quantité, car cette farine a un pouvoir d'absorption des liquides beaucoup plus important ;

• Les graines germées, en particulier le tournesol, à la fois très facile à préparer et très agréable à manger ;

• Les légumes lacto-fermentés ;

• Certains produits dérivés du soja : le tofu ou tofou (ou fromage de soja) ; le tempeh (soja fermenté) ; le miso, pâte résultant d'une fermentation lactique, utilisé dans la soupe ou comme constituant d'une pâte à tartiner ; le soyu ou le tamari, sauces permettant de remplacer le sel : ces deux produits sont lacto-fermentés, le premier à base de blé, soja et sel, le second uniquement soja et sel (ne les confondez pas avec des sauces de soja non fermentées).

• Le tahin, purée de grains de sésame finement broyés.

• Les algues brun-vertes (wakamé et autres), particulièrement riches en calcium et en fer.

• Comme complément alimentaire, on retiendra surtout la spiruline (algue verte d'eau douce), le pollen et la levure alimentaire que l'on peut facilement incorporer aux pâtes à tartiner faites maison en particulier. Sans oublier, bien sûr, les compléments calciques marins que l'on consommera de préférence en dehors des repas ou lors de repas sans graisses ; ils seront mieux assimilés encore avec de l'eau citronnée (un demi-citron pressé pour un verre d'eau).

## Quelques points de repères

| | Cuillère à café rase | Cuillère à café bombée | Cuillère à soupe rase | Cuillère à soupe bombée | Ramequin |
|---|---|---|---|---|---|
| Riz | | | | | 100 g |
| Boulghour | | | | | 100 g |
| Quinoa | | | | | 100 g |
| Pil-pil | | | | | 100 g |
| Sarrasin | | | | | 100 g |
| Semoule fine | | | | | 100 g |
| Lentilles | | | | | 100 g |
| Haricots blancs | | | | | 100 g |
| Pois chiches | | | | | 100 g |
| Farine | 5 g | 10 g | 15 g | 30 g | 70 g |
| Arrow-root | | 5 g | 10 g | 20 g | |
| Graines de tournesol | | | | 20 g | |
| Amandes | | | | 20 g | |
| Eau | | | 10 g | | 120 g |
| Huile | | | 10 g | | 100 g |
| Lait d'avoine | | | 10 g | | 120 g |
| Lait de riz | | | 10 g | | 120 g |
| Lait d'amande | | | 10 g | | 120 g |
| Lait de soja | | | 10 g | | 120 g |
| Œuf sans coquille | 50 g | | | | |
| Blanc d'œuf | 30 g | | | | |
| Jaune | 20 g | | | | |

# Les cuissons

### À l'étouffée

C'est une cuisson mi-humide mi-sèche.
Elle se réalise dans une cocotte à fond épais ou un récipient en terre, à feu très doux ou au four, toujours avec un couvercle. On ajoute un peu d'eau pour la cuisson des légumes. C'est une cuisson sans corps gras et qui conserve toute la saveur des aliments. Elle est particulièrement utile pour développer la saveur doux-sucré, ce qui aide beaucoup pour diminuer l'utilisation du sucre. Le dessert n'est plus indispensable après un bon plat de légumes ainsi mijotés. Cet avantage permet d'accepter les importantes pertes vitaminiques liées à ce mode de cuisson. Elle convient bien aux légumes et aux viandes braisées.

### En papillote

On utilise de préférence du papier sulfurisé ou du papier aluminium. Pour une bonne cuisson confectionner des papillotes bien étanches, les aliments cuisent dans leurs jus. Huiler le papier pour que les produits n'attachent pas. Cuire à basse température (90 °C) ou à 200 °C. Le poisson, les fruits émincés et les légumes aqueux se prêtent bien à ce genre de cuisson.

### Au bain-marie

Le matériel utilisé se compose d'une casserole, d'un saladier en inox ou en verre et d'un couvercle.
Couper les légumes, les mettre dans le saladier posé sur la casserole contenant de l'eau, démarrer la cuisson à froid, couvrir et cuire à feu doux. L'avantage de cette cuisson est qu'elle ne demande pas de surveillance, que l'on peut rajouter la matière grasse au moment de servir sans dénaturer les huiles de première pression à froid et que l'on

retrouve intacte la saveur des aliments qui cuisent dans leur jus, sans apport de liquide.

### Blanchiment

Plonger dans l'eau bouillante de petites quantités de légumes émincés, les retirer lorsque l'eau se remet à bouillir. C'est la cuisson qui conserve le mieux la vitamine C. Elle permet d'obtenir des crudités «décrudies» bien mieux tolérées par les intestins que les crudités «crues» tout en gardant leur caractère plaisant sous la dent.

### À la vapeur douce

Les aliments sont placés dans un récipient à trou au-dessus d'eau bouillante. C'est une cuisson rapide sans corps gras, respectant le goût, la texture, la couleur naturelle des produits et la teneur en vitamines. C'est une bonne technique de cuisson pour les légumes, les poissons et les viandes blanches.
Certaines céréales, semoule, riz glutineux et pains peuvent aussi se cuire à la vapeur. De plus, il est possible de cuire plusieurs aliments en même temps en superposant des récipients différents sur la même casserole d'eau chaude.

### À basse température

Les aliments utilisés (surtout les viandes et les poissons) se cuisent directement sur la grille du four. Les températures s'étalent de 70 °C à 90 °C.
C'est une cuisson longue, sans heurt pour les rôtis et les grosses darnes de poissons, qui respecte bien les produits, garde leur moelleux, leur texture, occasionne peu de pertes à la cuisson et évite l'inconvénient des graisses brûlées.
On peut s'absenter, la viande ou le poisson ne risque pas de brûler ou d'être trop cuit au retour et les temps de préparation sont très courts. Les filets de poissons ou les tranches de viandes cuisent bien sûr plus vite que les grosses pièces. On peut huiler légèrement les aliments à cuire pour éviter qu'ils ne collent à la grille et ajouter des aromates. Le four et la grille se nettoient très facilement.

### À l'eau

La cuisson se fait dans une grande quantité de liquide. Elle sert à préparer des soupes, des bouillons et des ragoûts savoureux. Elle apporte une bonne digestibilité et des cuissons sans corps gras. Elle conserve bien les minéraux et les vitamines (sauf la vitamine C) si l'on consomme le liquide de cuisson.
Si l'on n'utilise pas le liquide de cuisson il est préférable de privilégier la cuisson à la vapeur.

### Friture

On utilise une grande quantité de matière grasse. Elle n'est pas recommandée à cause de son excès de lipides. Mais c'est une manière savoureuse de préparer les aliments. Faut-il la supprimer de notre alimentation ? Non, faisons-nous plaisir en consommant de temps en temps des aliments frits. Utiliser de l'huile d'olive, trois fois maximum, en la filtrant après chaque cuisson. Il n'est pas indispensable d'utiliser une huile de première pression à froid pour cela. C'est bien sûr une alimentation trop grasse, mais elle a si bon goût. La plus intéressante est réalisée grâce au « wok », c'est une cuisson sautée, rapide, utilisant des aliments coupés en petits morceaux.

### Au citron ou en marinade

Ces techniques conservent au mieux les acides gras des poissons gras, elles sont faciles à mettre en œuvre.
Avant de les employer, il est souhaitable, afin d'éviter tout risque de parasitose, de congeler les poissons à -20 °C pendant 48 heures.

# Sauces et pâtes à tartiner

## Fond de sauces pour légumes, poissons et crustacés

### Gomasio

*7 c. à soupe rases de graines de sésame*
*1 c. à café de fleur de sel ou de sel non raffiné*

Mettre à griller légèrement dans une poêle à sec la fleur de sel (ou le sel non raffiné) et les graines de sésame non décortiquées. Remuer sans cesse avec une spatule en bois jusqu'au moment où les premières graines de sésame sautent en éclatant.
Disposer alors rapidement dans un mortier rainuré (type suribachi) et réduire en poudre au pilon. À défaut utiliser un moulin à café, mixer brièvement et par petites quantités afin d'éviter un chauffage excessif des graines. Accompagne bien les céréales et les légumes.

### Fond de légumes

*1 botte de feuilles de navets*
*4 à 5 fanes de carottes*
*1 poireau moyen*
*1 panais moyen*
*2 carottes*
*2 gousses d'ail*
*1 bouquet garni*
*5 c. à soupe d'huile de colza*
*1 l d'eau*
*sel*

Faire revenir doucement dans l'huile, sans coloration, les légumes émincés, mouiller à l'eau, ajouter le bouquet garni, saler, porter à ébullition, écumer, cuire 1 heure à feu doux. Passer le bouillon obtenu puis réserver au froid. Sert pour certains potages et certaines sauces.
On peut varier ce fond selon les légumes de saisons.

### Fumet de poisson

*800 g de têtes et d'arêtes de poisson*
*1 oignon*
*1/2 citron*
*5 grains de poivre*
*bouquet garni*
*1 l d'eau*

Mettre les têtes et les arêtes de poisson dans une casserole. Mouiller avec l'eau et porter à ébullition, écumer. Ajouter le jus de citron, les oignons émincés et le bouquet garni, cuire à feu très doux pendant 30 minutes. Y adjoindre les grains de poivre 10 minutes avant la fin.
Passer à la passoire et réserver.

### Fumet de crustacés

*600 g de têtes et de carapaces de langoustines*
*1 carotte*
*1 petit oignon*
*1 bouquet garni*
*3 cl de vin blanc ou de citron*
*4 c. à soupe d'huile d'olive*
*1 l d'eau*

Saisir les têtes et les carapaces dans l'huile, les concasser avec un pilon, ajouter oignon et carotte coupés en dés fins, cuire 4 minutes, déglacer au vin blanc ou au citron, laisser réduire. Mouiller à l'eau ou au fumet de poisson. Cuire à feu doux 30 minutes. Passer à la passoire fine et réserver au froid. Conservation 4 jours au réfrigérateur.

### Sauce tomate

*Pour 50 cl de sauce*
*10 tomates*
*1 oignon*
*2 gousses d'ail*
*1 carotte*
*2 brins de bouquet garni*
*20 cl de fond de légumes d'été, ou d'eau et de vin rouge léger*
*1 branche de céleri*
*1 c. à café de basilic haché*
*3 c. à soupe d'huile d'olive*
*sel, poivre*

Étuver les oignons et les carottes en dés, ajouter le fond de légumes, cuire 10 minutes à feu doux. Y mettre les tomates en quartiers, la branche de céleri, le basilic, le bouquet garni et l'ail écrasé. Assaisonner et cuire à l'étouffée 30 à 40 minutes. La sauce doit être liée. La passer au tamis. Rectifier l'assaisonnement.

## Sauces vinaigrettes et dérivées

### Sauce vinaigrette

*Pour environ 15 cl de sauce*
*2 c. à soupe de vinaigre de vin ou 1 c. à soupe de jus de citron*
*6 c. à soupe d'huile de 1re pression à froid*
*sel, poivre*

Mélanger tous les ingrédients dans un mixeur (ou au fouet) jusqu'à l'obtention d'une sauce émulsionnée nappante.
On peut y ajouter des fines herbes, de l'ail, des échalotes, de la moutarde ou utiliser du vinaigre de cidre.

## Aïoli

*Pour 20 cl de sauce*
*3 gousses d'ail*
*1 jaune d'œuf*
*1 pomme de terre cuite de taille moyenne*
*10 cl d'huile d'olive ou de carthame*
*5 cl de fond de légumes ou de fumet de crustacés*
*fleur de sel*
*poivre*

Piler l'ail avec la fleur de sel, ajouter le jaune d'œuf, la pomme de terre cuite passée au presse-légumes. Ajouter l'huile progressivement pour obtenir une sauce ferme, finir avec le fond, poivrer. Accompagne les légumes cuits à la vapeur, le poisson ou les salades à la provençale.
On peut y ajouter une purée de tomates, de cresson, ou bien des œufs, des légumes, du poisson, etc.

## Sauce au poisson fumé

*80 g de filets de hareng fumé*
*1 c. à soupe de graines de tournesol en poudre*
*1 c. à café de moutarde*
*1 petite échalote*
*3 à 4 c. à soupe d'huile de tournesol*
*sel, poivre*

Mixer tous les ingrédients sauf l'échalote, après avoir enlevé les arêtes des harengs, ajouter l'huile progressivement en mixant à vitesse maximum jusqu'à l'obtention d'une sauce ferme. Ajouter l'échalote hachée.
Accompagne les salades de pommes de terre et les betteraves rouges. On peut aussi ajouter du jus de légumes pour une consistance plus moelleuse.

### Sauce quinoa

*50 g de quinoa*
*3 à 4 c. à soupe d'huile de carthame*
*1 c. à café de jus de citron*
*1 pincée de curcuma*
*sel, poivre*

Cuire le quinoa dans 6 fois son volume d'eau pendant 20 minutes. Le passer au mixeur pour obtenir une purée lisse. Ajouter le jus de citron, le curcuma, le sel et le poivre puis progressivement l'huile de carthame en mixant jusqu'à l'obtention d'une consistance ferme mais moelleuse. Cette sauce se marie bien avec le céleri, les carottes, les crudités.

### Sauce au poivron

*1 pomme de terre moyenne*
*1 poivron moyen*
*3 c. à soupe d'huile d'olive*
*1 c. à café de jus de citron*
*1 gousse d'ail*
*sel, poivre*

Cuire la pomme de terre à la vapeur, l'éplucher et la passer au tamis ou au presse-légumes.

Passer le poivron à four chaud pour que la peau se boursoufle et brûle en surface, l'enfermer dans un sac puis le retirer et enlever la peau. Le passer au mixeur, le mélanger à la pomme de terre, assaisonner, ajouter au fouet le jus de citron, l'ail haché blanchi à la vapeur puis progressivement l'huile d'olive.

### Sauce aux noix

*80 g de noix en poudre*
*1/10 de botte de ciboulette ou de persil haché*
*1 c. à café de zestes de citron râpé (facultatif)*
*1/2 c. à café de jus de citron*
*3 à 4 c. à soupe d'huile de colza*
*sel, poivre*

Mettre tous les ingrédients dans un bol, ajouter l'huile progressivement au fouet jusqu'à l'émulsion.
Se sert avec les pâtes et la volaille rôtie.

## Sauces à base de légumes

### Coulis de tomates

*6 tomates*
*1 c. à soupe de basilic haché*
*sel, poivre*

Mixer les tomates à vitesse moyenne, les passer à la passoire fine. Ajouter le basilic haché, assaisonner et servir frais.
On peut y ajouter de l'ail, de l'huile d'olive, du piment, un jus de citron ou du vinaigre de vin. Dans ce cas, peler et épépiner les tomates et passer tous les ingrédients au mixeur. Servir aussitôt.

### Tapenade

*8 filets d'anchois*
*160 g d'olives noires dénoyautées*
*8 câpres*
*6 c. à soupe d'huile d'olive*
*poivre*

Broyer ou mixer les filets d'anchois, les olives, les câpres et le poivre en incorporant progressivement l'huile d'olive.
On peut la servir sur des toasts, des crudités, des pâtes ou des œufs durs.

## Sauce à l'avocat et au cresson

*1 avocat*
*1 botte de cresson*
*1 c. à café de jus de citron*
*1 c. à soupe de feuilles de coriandre*
*1 pincée de muscade*
*1/2 oignon*
*4 c. à soupe d'huile de carthame*
*sel, poivre*

Mixer l'oignon et la coriandre, blanchir le cresson à la vapeur avec la muscade 2 à 3 minutes. Laisser refroidir.
Ajouter la pulpe d'avocat, le jus de citron, le cresson au mélange oignon-coriandre, mixer jusqu'à l'obtention d'une crème lisse, finition à l'huile de carthame. Servir aussitôt. Si la sauce n'est pas assez lisse, la passer au tamis.

## Rougail de tomates (Île de la Réunion)

*4 tomates*
*3 piments verts*
*1 pincée de gingembre*
*sel*

Peler les tomates puis les couper en petits dés. Émincer l'oignon finement. Piler les piments avec le sel et le gingembre.
Au moment de servir, piler dans le mortier les dés de tomate et l'oignon. Mélanger avec les piments.
On peut diminuer ou augmenter le nombre de piments selon son goût. Le rougail se marie bien avec les céréales et les légumineuses.

# Sauces blanches

## Béchamel

*65 g de farine*
*6 c. à soupe d'huile d'olive*
*80 à 100 g de poudre d'amande + 1 l d'eau minérale*
*ou1 l de lait d'avoine ou 1 l de lait d'amandes*
*1 c. à café de noisettes en poudre*
*1/2 c. à café de jus de citron*
*muscade*
*1 petit oignon*
*2 brins de thym et de laurier*
*sel, poivre de cayenne*

Faire bouillir le lait d'amande assaisonné. Hors du feu ajouter la muscade, l'oignon émincé, le thym et le laurier, laisser infuser 20 minutes, passer. Hors du feu mélanger la farine avec l'huile, cuire à feu doux 3 à 4 minutes, adjoindre la poudre de noisettes puis ajouter progressivement le lait d'amande refroidi sur le roux brûlant en fouettant jusqu'à obtention d'une sauce lisse, ajouter le jus de citron. Rectifier l'assaisonnement puis adjoindre du jus des légumes accompagnant la béchamel pour concentrer les goûts.
Pour toutes les liaisons, on peut remplacer la farine par l'arrow-root en diminuant les quantités de moitié.

## Sauce moutarde

*50 cl de béchamel*
*2 c. à soupe de moutarde en grains*
*1 pincée de curcuma*
*huile d'olive*
*sel*
*poivre de cayenne*

Même chose que la béchamel ; on ajoute à la fin 2 cuillères à soupe de moutarde, le curcuma, le sel et le poivre. Ne pas faire bouillir. On peut aussi ajouter 3 ou 4 foies de maquereaux ou de poisson gras et les mixer avec la sauce ou remplacer la béchamel par du fumet de poisson lié à l'arrow-root. Les foies doivent être très frais. Finition à huile d'olive. Cette sauce se marie bien avec les poissons gras et mi-gras.

### Sauce soubise

20 cl de béchamel à laquelle on ajoute 3 oignons hachés cuits à l'étouffée ou à la vapeur.

## Sauces liées, purées de légumes et fruits

### Sauce champignon

*200 g de champignons*
*1/4 de botte de persil*
*20 cl d'eau ou de lait d'avoine*
*1 gousse d'ail*
*4 c. à soupe d'huile d'olive*
*shoyu*
*sel, poivre*

Faire revenir vivement les champignons dans l'huile 1 à 2 minutes. Ajouter l'eau ou le lait d'avoine et la gousse d'ail pilée. Assaisonner. Cuire 4 à 5 minutes à feu très doux. Ajouter le persil haché finement, mixer pour obtenir l'aspect d'une crème.

### Sauce tomate

*4 tomates*
*6 c. à soupe d'huile d'olive*
*1 gousse d'ail*
*1 c. à café de basilic*
*1 c. à café de coriandre*
*estragon*
*sel, poivre*

Passer les tomates à la vapeur 20 secondes après avoir enlevé le pédoncule, les peler et les épépiner. Puis les couper en dés. Mélanger à l'huile d'olive l'estragon, la coriandre, le basilic hachés et l'ail écrasé. Assaisonner. Cuire 1 heure 30 à 90 °C au four. On peut aussi cuire la préparation au bain-marie.
Elle se marie bien avec les poissons, les céréales, les légumes et la volaille.

### Sauce aux pommes

*3 pommes*
*2 c à soupe d'huile d'olive*
*cannelle*
*1/10 de botte de ciboulette*
*sel, poivre*

Cuire les pommes en quartiers avec la peau et les pépins jusqu'à l'obtention d'une compote. La passer au tamis, assaisonner, parsemer de ciboulette hachée et servir. Elle se marie bien avec le chou et les viandes blanches.

### Sauce aux carottes

*3 carottes*
*4 à 5 fanes de carottes*
*2 anchois au gros sel (facultatif)*
*1 pincée de graines de cumin*
*1 c. à café de jus de citron*
*15 cl d'eau*
*sel*
*2 c. à soupe d'huile d'olive*

Cuire les fanes de carottes et les carottes en rondelles à la vapeur pendant 15 minutes. Dessaler les anchois, les mixer, faire griller à sec le cumin.
Mixer les carottes avec l'eau et le reste des ingrédients jusqu'à obtenir une sauce lisse, finir avec l'huile d'olive. Servir avec les légumes verts, les gratins, les croquettes, les pâtes et la choucroute de poissons.

### Crème de poivrons

*2 poivrons rouges*
*10 cl de fond de légumes*
*1 c. à soupe d'huile d'olive*
*sel*

Griller les poivrons au four pour enlever la peau, les faire suer à l'huile d'olive 2 à 3 minutes. Assaisonner, ajouter le fond de légumes, mixer. Se marie bien avec le poisson et les terrines de légumes.

### Coulis d'artichaut

*4 fonds d'artichauts*
*3 noisettes*
*1/10 de botte de ciboulette*
*10 cl de lait d'avoine*
*sel*

Cuire les fonds d'artichauts coupés en quartiers à la vapeur (20 à 25 minutes). Blanchir les noisettes à la vapeur 1 minute, enlever leur peau. Les mixer avec le lait d'avoine, ajouter les artichauts, saler, mixer. Émincer finement la ciboulette, l'adjoindre à la sauce. Se marie bien avec le poisson poêlé, les viandes blanches et les terrines de légumes et de poisson.

### Coulis de cresson

*1 botte de cresson*
*20 cl de lait d'amande*
*cerfeuil*
*sel*

Laver le cresson juste avant de le consommer sinon il perd sa belle apparence.

Le blanchir 3 minutes à la vapeur, laisser refroidir avec des glaçons pour garder sa belle couleur verte. Puis le passer au mixeur avec le lait, le sel et le cerfeuil, tenir au chaud au bain-marie. On peut ajouter une pomme de terre ou un peu d'arrow-root si la sauce n'est pas assez liée.

# Sauces émulsionnées chaudes

## Sauce tyrolienne

*3 jaunes d'œufs*
*4 cl de vinaigre de cidre*
*1 échalote*
*estragon*
*1/4 de botte de cerfeuil*
*2 c. à soupe de purée de tomates*
*3 ou 4 grains de poivre concassés*
*1 c. à soupe d'huile de carthame de 1re pression à froid*
*sel*

Réduire presque à sec le vinaigre avec les herbes, le poivre. Y adjoindre les jaunes, au fouet, sur feu très doux. Fouetter énergiquement, les jaunes doivent augmenter de volume. Le sabayon est prêt lorsque chaque coup de fouet laisse apparaître le fond de la casserole. Incorporer progressivement l'huile et finir avec la purée de tomates bien sèche.
Cette sauce se marie bien avec les poissons et les viandes grillées. C'est une sauce dérivée de la sauce béarnaise.

## Sabayon aux herbes

*3 jaunes d'œufs*
*15 cl de fond de légumes ou de fumet de poisson*
*1 c. à café de persil*
*1 c. à café d'estragon*
*1 c. à café de ciboulette*
*1 c. à café de cerfeuil*
*1 c. à café de jus de citron*
*sel, poivre*

Hacher les herbes. Fouetter le fond de légumes avec les jaunes et le jus de citron sur feu très doux jusqu'à ce que la préparation épaississe. Elle ne doit surtout pas cuire, on peut la réaliser au bain-marie. Ajouter les herbes et assaisonner.

Elle se marie bien avec les poissons pochés et sautés, les légumes et les céréales, les terrines de poissons et les œufs. On peut aussi remplacer les ingrédients ci-dessus par un coulis de crustacés, de tomates, de fenouil, etc.

## Sauces iodées

### Sauce aux huîtres

*50 cl de fumet de poisson*
*1/2 c. à café de citron confit (facultatif)*
*4 huîtres*
*100 g de champignons*
*1/10 de botte de persil*
*1/2 c. à soupe d'arrow-root*
*sel, poivre*

Ouvrir les huîtres, les réserver dans leur eau, émincer les champignons, hacher le persil. Cuire les champignons dans le fumet 5 minutes à feu doux, lier avec l'arrow-root.
Hors du feu, ajouter les huîtres, le persil et le citron confit, mixer le tout pour obtenir une sauce lisse. Rectifier l'assaisonnement.
Elle se marie bien avec les poissons, le riz et les légumes.

### Sauce aux algues

*60 g d'algue kombu ou 15 g d'algues en paillettes (sèches)*
*3 c. à soupe de jus de moule*
*30 cl de fumet de poisson*
*1 c. à café d'arrow-root ou de maïzena*
*sel, poivre*

Dessaler les algues dans deux à trois eaux, les cuire dans de l'eau bouillante salée à découvert. Elles doivent rester un peu fermes. Réduire le fumet d'un tiers, ajouter le jus de moule, lier avec l'arrow-root, finir avec les algues cuites ou en paillettes. Assaisonner, mixer le tout. Réserver au chaud.

# Sauces piquantes

### Sauce aux légumes pour couscous

*3 carottes cuites moyennes*
*1 navet cuit*
*10 cl de jus de légumes*
*2 ou 3 piments verts frais*

Prélever les légumes cuits dans le boulghour aux légumes ou dans toute autre préparation, les passer au presse-purée, ajouter le jus de légumes, mélanger.
Passer les piments au mixeur ou les piler au mortier et les mélanger à la purée de légumes. Pour une sauce très piquante, utiliser les graines et les parties blanchâtres des piments, et utiliser des piments oiseaux, des piments Jalapeno ou des piments de Cayenne.

### Sauce au raifort ou au radis noir

*3 c. à soupe de raifort ou de radis noir haché*
*1/2 c. à café de jus de citron*
*10 cl de lait d'avoine*
*sel, poivre*

Hacher le raifort ou le radis noir, ajouter le citron, mixer avec le lait d'avoine et assaisonner.
Cette sauce se marie bien avec les pommes de terre, les betteraves, le céleri, le panais, le thon et les légumineuses.

# Sauces pour 500 grammes de pâtes

### Sauce de base à l'ail (spaghettis)

Faire suer dans 15 cl d'huile 5 ou 6 gousses d'ail hachées jusqu'à coloration blonde. Saler, poivrer et mélanger aux pâtes.

### Sauce aux anchois (spaghettis)

À la sauce précédente, ajouter 6 filets d'anchois en même temps que l'ail.

### Sauce aux œufs et aux anchois (spaghettis)

Mélanger 5 filets d'anchois hachés, 3 jaunes d'œufs et 60 grammes d'amande en poudre. Mélanger aux pâtes avec 5 cuillères à soupe d'huile d'olive.

### Sauce au pesto et aux légumes

Mixer 1 botte de basilic avec 3 gousses d'ail, du sel et 12 cl d'huile d'olive. Râper 140 g de carottes, de panais et de poireaux, les cuire doucement à l'huile d'olive pendant 10 minutes. Mélanger le tout aux pâtes cuites.

### Sauce aux fruits de mer (tagliatelles)

Ouvrir 1 kilo de moules à feu vif. Cuire doucement pendant 5 minutes 1 oignon, 10 champignons en tranches fines, 3 tomates, ajouter 125 g de crevettes décortiquées, les moules, le jus des moules, chauffer 2 à 3 minutes sans faire bouillir. Mélanger aux pâtes.

### Sauce aux courgettes (fettucines)

Cuire doucement 4 courgettes râpées à l'huile d'olive, ajouter 2 gousses d'ail écrasées, 10 feuilles de basilic hachées, mélanger aux fettucines.

### Sauce alla carbonara (tagliatelles)

Faire revenir 180 g de lardons, dans un légumier. Battre 3 œufs, 50 g de noix en poudre, 10 cl de lait d'avoine. Ajouter les lardons. Hors du feu, verser le mélange œufs-lardons sur les pâtes et servir sans attendre.

# Autres sauces et condiments

## Citrons confits

*10 citrons non traités*
*2 c. à soupe de sel fin*
*huile d'olive*

Laver les citrons, les couper en tranches, les saupoudrer de sel, les laisser dégorger 12 heures. Les égoutter, les mettre dans un bocal, les recouvrir d'huile d'olive, les stocker au frais, les consommer 3 à 4 semaines après. Bien refermer le bocal entre deux emplois et réserver au frais.
Ils se marient bien avec les salades composées, les crudités, le poisson, la volaille et les céréales.

## Tomates confites

*10 tomates moyennes*
*1 c. à soupe d'huile d'olive*
*1 pincée de thym*
*sel*

Laver les tomates, les passer quelques secondes dans l'eau bouillante ou à la vapeur pour enlever la peau. Les épépiner, les couper en deux et les mettre sur une plaque au four. Ajouter un filet d'huile d'olive, le thym et le sel sur les demi-tomates. Cuire à 90 °C pendant 2 heures. Elles sont confites et se conservent dans un bocal, recouvertes d'huile d'olive, au frais pendant quelques jours.

## Poivrons salés-sucrés

*600 g de très petits poivrons*
*1 l d'huile d'olive*
*10 cl de vinaigre*
*2 c. à soupe bombées de sucre roux*
*sel fin*

Laver les poivrons, les essuyer.
Mélanger l'huile d'olive, le vinaigre, le sucre et le sel ; mettre les poivrons dans des bocaux en verre, recouvrir avec l'huile, fermer les

bocaux. Laisser mariner un mois dans un endroit sec et aéré avant de commencer à les consommer.
Bien veiller à ce que les poivrons soient recouverts par l'huile.
Ce condiment se marie bien avec les crudités, les céréales et les viandes de volaille.

### Basilic pimenté

*4 bottes de basilic*
*1 piment d'Espelette ou 3 piments oiseaux*
*huile d'olive*
*1 c. à café de jus de citron*

Prélever les feuilles de basilic, les faire sécher au soleil ou au four à basse température pendant 1 heure environ. Réserver les tiges pour aromatiser vos huiles de consommation.
Passer au mixeur ou au mortier les feuilles, le piment d'Espelette sans les graines et le jus de citron pour obtenir un basilic moyennement pimenté, ou les piments oiseaux sans les graines pour un basilic fortement pimenté. Ajouter l'huile d'olive, remplir un bocal avec le basilic.
On peut aussi mixer les feuilles fraîches avec le reste des ingrédients, remplir un bocal et le conserver au froid. Il s'y conserve plusieurs mois. Il agrémente les salades, les céréales, les pizzas.

### Chutney aux pommes et aux tomates

*10 tomates moyennes*
*5 pommes*
*3 oignons*
*50 cl de vinaigre de vin ou de cidre*
*40 g de gingembre frais*
*5 clous de girofle*
*5 piments oiseaux*
*2 c. à café de poivre en grain*
*2 c. à café de graines de cumin*
*1 citron non traité*
*3 c. à café de sel*
*400 g de sucre roux*

Hacher les oignons, couper les tomates en quartiers, peler les pommes et les couper en dés.
Mixer le gingembre épluché, le citron et les autres épices pour obtenir une purée.

Dans une casserole en inox à fond épais, mettre les pommes, les tomates, le vinaigre et le sucre, porter à ébullition. Ajouter le reste des produits et cuire 1 heure 30 à feu très doux en remuant de temps en temps.
Mettre en pots, couvrir et conserver dans un endroit frais et obscur.
Ne pas consommer avant un mois.

## Pâtes à tartiner

### Pâte à tartiner de langoustines ou de crevettes

*100 g de langoustines ou de crevettes décortiquées*
*4 à 5 c. à soupe d'huile de pépins de raisin*
*sel*

Passer les langoustines ou les crevettes au mixeur pour obtenir une pâte, mixer en ajoutant l'huile de pépins de raisins pour obtenir la consistance d'une crème, saler.
On peut l'utiliser sur du pain, des toasts ou la mélanger à d'autres pâtes.
On utilise l'huile de pépin de raisin pour son goût neutre afin de ne pas dénaturer le goût des crustacés.

### Rillettes de poissons gras

*150 g de poissons gras marinés (anchois, sardine, maquereau)*
*1 c. à café de jus de citron*
*2 c. à soupe d'huile de tournesol*
*1 pincée d'estragon*
*1 pincée de ciboulette*
*1 c. à café de moutarde*
*sel*

Voir la recette des poissons gras marinés, sinon prendre les poissons du commerce.
Mixer le poisson avec la moutarde, le citron, l'huile de tournesol, ajouter les herbes hachées et assaisonner.

### Beurre d'avocat

*1 avocat mur*
*1/2 c. à café de jus de citron*
*2 c. à soupe d'eau*

Enlever la peau et le noyau de l'avocat, le couper en dés et le passer au mixeur ou au tamis, ajouter l'eau et l'assaisonnement.

### Beurre de quinoa à la tomate

*50 g de quinoa*
*3 c. à soupe d'huile de tournesol*
*1 tomate*
*sel*

Cuire le quinoa dans six fois son volume d'eau, ajouter l'huile, assaisonner.
Passer la tomate au mixeur puis au tamis pour enlever la peau et les grains, mélanger la purée au quinoa.
La pâte à tartiner est prête.

### Pâte à tartiner tahin-miso

*5 c. à soupe rases de tahin complet*
*5 c. à soupe rases de miso d'orge*
*1 c. à soupe d'eau (si besoin)*

Mélanger intimement une quantité équivalente de tahin complet (purée de sésame non décortiqué) et de miso d'orge, ajouter éventuellement de l'eau pour faciliter l'opération.
Ce mélange se conserve quelques jours au réfrigérateur.

# Pâtes à tarte, à crêpes et autres

### Pâte brisée

*130 g de farine de type 80*
*4 c. à soupe d'huile d'olive*
*2 c. à soupe bombées de poudre d'amande*
*1 jaune d'œuf*
*4 à 6 c. à soupe d'eau*
*sel*

Mettre farine, sel, poudre d'amande dans un saladier. Ajouter l'huile, mélanger sans trop travailler, amener le mélange à l'état de poudre en la passant entre les doigts (sabler). Faire une fontaine dans la pâte (cavité au milieu de la farine), y placer le jaune d'œuf et l'eau. Former une boule en rassemblant la pâte. Avec la paume de la main écraser la pâte devant soi une première fois (fraiser), la remettre en boule et recommencer une deuxième fois l'opération, puis la laisser reposer 30 minutes avant de l'utiliser.
Pour les tartes aux fruits et les desserts, on utilise la farine de type 65 et l'on met 180 grammes de farine pour les mêmes quantités.

### Pâte sablée

*130 g de farine*
*50 g de margarine non hydrogénée*
*2 c. à soupe bombées de poudre d'amande*
*2 c. à soupe bombées de sucre roux*
*1 jaune d'œuf*
*sel, eau si nécessaire*

Mélanger farine, amandes en poudre, sel et sucre. Ajouter la margarine en morceaux et la mélanger à la farine, puis sabler la pâte entre les doigts. Faire une fontaine, y mettre le jaune, et l'incorporer progressivement à la farine, la fraiser une fois si nécessaire et former une boule de pâte. Laisser reposer au froid.

### Pâte à choux

*Pour 8 personnes*
*25 cl d'eau*
*125 g de farine*
*6 c. à soupe d'huile*
*3 ou 4 œufs*
*sel*

Faire bouillir eau, huile et sel, hors du feu ajouter la farine, mélanger avec une spatule. Dessécher sur feu très doux 30 secondes à 1 minute. Incorporer les œufs un à un, la pâte ne doit pas être trop molle.

### Pâte à crêpes

*Pour 8 personnes*
*250 g de farine de type 65*
*50 cl minimum de lait de riz*
*2 œufs*
*3 c. à soupe de sucre roux (facultatif)*
*sel*

Dans un récipient verser la farine, le sel. Au milieu faire une fontaine, ajouter les œufs battus en omelette; incorporer la farine progressivement puis le lait jusqu'à obtenir une pâte un peu molle. Laisser reposer 1 heure avant de l'utiliser.

### Pâte à crêpes à la bière

Comme la première pâte, mais on remplace le lait de riz par de la bière. On doit la consommer aussitôt car elle devient amère relativement vite.

## Pâte à galettes

*Pour 8 personnes*
*200 g de farine de type 80 ou 65*
*50 g de farine de blé noir*
*2 c. à soupe bombées de sucre roux (facultatif)*
*sel*
*eau*

Mélanger farine, blé noir, sel et sucre, ajouter l'eau progressivement pour obtenir une pâte assez épaisse, laisser reposer 1 heure. Ajouter des fruits en dés, des légumes en julienne, ou des légumineuses et cuire de petites galettes à la poêle.

## Pâte à frire

*150 g de farine de type 80*
*30 cl d'eau fraîche*
*1 blanc d'œuf (facultatif)*

Mélanger progressivement et intimement eau et farine. Laisser reposer à température ambiante pendant 2 heures minimum. Monter le blanc d'œuf en neige, l'incorporer à la pâte et utiliser celle-ci sans attendre.

## Pâte à nouilles sans œufs

*250 g de farine de type 65*
*20 cl d'eau ou plus si nécessaire*
*sel*

Mélanger farine et sel, faire une fontaine au milieu, ajouter l'eau. Du bout des doigts, amalgamer progressivement le mélange. Si la pâte paraît sèche, ajouter de l'eau et la former en boule. La partager en quatre portions.
Laisser reposer 2 à 3 heures au réfrigérateur.
L'abaisser finement, découper la pâte selon la forme désirée. Laisser sécher au moins 1 heure puis cuire les pâtes dans l'eau bouillante.

### Pâte à nouilles avec œufs

*250 g de farine de type 65*
*3 œufs*
*1 jaune d'œuf*
*sel*
*1 c. à soupe d'huile (facultatif)*

Dans un saladier, mettre la farine le sel et l'huile, faire une fontaine, ajouter les œufs battus, mélanger progressivement jusqu'à ce que la pâte épaississe. Pétrir pour en faire une boule, la partager en quatre ou cinq portions. Laisser reposer 2 à 3 heures.
Abaisser la pâte finement et la couper selon la forme désirée. Si l'on veut colorer les pâtes, on peut y ajouter purée de tomates, carotte, poivron, safran, herbes.

### Pâte à nouilles aux algues

*250 g de farine de type 65 ou 80*
*3 œufs*
*1 jaune d'œuf*
*30 g d'algues déshydratées*

C'est la même recette que la précédente en ajoutant les algues dans la farine au début.

# Soupes

## Gaspacho

*4 gousses d'ail*
*3 tomates*
*1 poivron*
*1 concombre moyen*
*1 oignon*
*2 c. à soupe de mie de pain*
*sel, poivre*
*50 cl d'eau*
*4 c. à soupe d'huile d'olive*

Dans un bol ou une soupière, mettre l'ail écrasé, le sel, le poivre et la pulpe de tomate passée au mixeur ou écrasée. Bien mélanger les ingrédients et ajouter goutte-à-goutte l'huile d'olive.
Ajouter l'oignon émincé très fin, le poivron et le concombre en dés, le pain, l'eau, bien mélanger. Servir bien frais.
On peut aussi y ajouter du cumin, du basilic et des dés de pain frottés à l'ail.

## Potage glacé à l'avocat

*Pour 4 personnes*

*2 avocats*
*1 c. à café de piment vert frais*
*1/10 de botte de basilic*
*3 c. à soupe d'huile d'olive*
*4 tomates*
*1 c. à soupe de jus de citron*
*sel*
*50 cl d'eau fraîche*

Préparer un jus de tomates. Passer les tomates au mixeur jusqu'à obtenir une purée puis la passer au chinois ou utiliser du coulis de tomate en boîte.

Peler les avocats, les dénoyautés, les couper en dés, les passer au mixeur avec le basilic, le jus de citron, le jus de tomate, le sel, le piment et l'eau glacée.
Mixer à grande vitesse pendant 1 minute jusqu'à ce que le mélange soit lisse.
Servir aussitôt le potage dans des assiettes creuses, parsemé de tomates confites. Finir avec l'huile d'olive.

### Soupe glacée au concombre

*2 concombres*
*2 tomates*
*2 oignons*
*20 cl de lait d'amande*
*3 feuilles de menthe*
*gros sel*
*sel fin*

Laver les concombres, les éplucher (facultatif), les couper en petits dés, les mettre à dégorger avec le gros sel. Peler les tomates (facultatif), les couper en très petits dés. Éplucher l'oignon et le hacher finement.
Mélanger les concombres avec les dés de tomates et les oignons, ajouter le lait d'amande, le poivre et le jus des concombres. Garder la préparation au froid (minimum 1/2 heure).
Au moment de servir, ajouter la menthe, mélanger et servir.
On peut ajouter des amandes grillées, des tomates confites, de la coriandre ciselée.

### Velouté de potimarron

*500 g de potimarron*
*1 oignon*
*3 navets*
*3 c. à soupe d'huile d'olive*
*1 pincée de curry*
*sel, poivre, 1 l d'eau*

Laver le potimarron, ne pas enlever la peau, le tailler en gros dés. Éplucher l'oignon, laisser les navets avec la peau, les tailler en dés fins.

Cuire doucement à l'huile oignon et navets pendant 10 minutes, ajouter le curry puis le potimarron durant 3 minutes.
Mouiller à l'eau bouillante salée, cuire 15 minutes à feu doux. Passer les légumes au mixeur.
Servir très chaud. On peut y ajouter des croûtons, du cerfeuil.

**Velouté de poivrons**

*6 poivrons moyens*
*2 brins de céleri-branche*
*1 oignon*
*1 gousse ail*
*1 brin de thym, laurier*
*1l d'eau*
*10 cl d'huile d'olive*
*2 anchois marinés*
*10 olives noires*
*sel, poivre en grains*

Laver les poivrons, les émincer après les avoir égrainés.
Cuire doucement l'oignon haché avec le céleri émincé et la moitié de l'huile. Assaisonner, ajouter les poivrons, les herbes et l'ail, cuire 10 minutes. Mouiller à l'eau froide, porter à ébullition et cuire 30 minutes. Mixer le velouté, le passer à la passoire fine pour enlever la peau des poivrons.
Passer l'anchois au mixeur avec les olives, monter avec le reste de l'huile. Servir en ajoutant les anchois mixés.

**Velouté d'épinard**

*400 g d'épinard*
*1/2 botte de feuilles de radis*
*3 c. à soupe d'huile d'olive*
*1 pomme de terre moyenne*
*1 l de lait d'amande*
*1 pincée de muscade*
*1 pincée de curry, sel*

Laver les épinards, les hacher grossièrement, les faire sauter vivement à l'huile d'olive. Ajouter les feuilles de radis coupées finement, cuire doucement quelques minutes, saupoudrer de curry et de muscade. Mouiller avec le lait, y adjoindre la pomme de terre coupée en dés, assaisonner, cuire 10 minutes. Passer le velouté au mixeur pour obtenir une crème lisse et onctueuse.

### Crème de cresson

*2 bottes de cresson*
*1 l de fond de légumes*
*2 c. à soupe de croûtons*
*1 c. à café d'huile d'olive*
*sel, poivre*
*1 pomme de terre (facultatif) ou 1 c. à café d'arrow-root*

Laver le cresson, le cuire 15 minutes à la vapeur avec la pomme de terre coupée en petits dés. Mixer le tout avec le fond de légumes, assaisonner.
On peut supprimer la pomme de terre et la remplacer par l'arrow-root pour lier la soupe, mais la crème est moins veloutée. Faire sauter les croûtons à l'huile et les ajouter dans la crème au moment de servir.

### Soupe au chou

*1 chou de Milan moyen*
*125 g de lard ou 100 g de poisson fumé*
*1 carotte*
*1 l d'eau*
*1 clou de girofle*
*2 brins de thym et laurier*
*1 c. à soupe de baies de genièvre*
*sel, poivre*

Laver le chou, le couper en quatre, enlever les nervures principales, l'émincer finement. Laver la carotte sans l'éplucher, la couper en dés fins. Tailler le lard ou le poisson fumé en lardons.
Faire étuver à feu doux les lardons, la carotte, les baies de genièvre pendant 15 minutes. Ajouter le chou, le bouquet garni. Cuire

35 minutes à couvert à feu très doux. Mouiller à l'eau bouillante, cuire 5 minutes à feu doux. Rectifier l'assaisonnement. Servir très chaud.
Pour éviter que la préparation ne brûle, utiliser une cocotte en fonte ou une casserole en inox à fond très épais.

## Soupe de moules au soja

*500 g de moules*
*100 g de tofu*
*8 feuilles de chou*
*1 gousse d'ail*
*1 l de fumet de crustacés ou d'eau*
*1 petit oignon*
*1/10 de botte de persil*
*1 pincée de gingembre*
*3 c. à soupe d'huile d'olive*
*sel*

Faire revenir à l'huile l'ail, l'oignon, le persil haché ; ajouter les moules, les ouvrir sur feu vif. Garder le jus.
Cuire doucement le chou avec le gingembre, le tofu en dés, le chou émincé à l'huile pendant 10 minutes. Mouiller avec le fumet et cuire 5 minutes à feu doux. Hors du feu ajouter les moules décortiquées ou non.

## Soupe aux herbes

***Pour 8 personnes***
*200 g de pissenlit*
*400 g d'orties, de pourpier et d'oseille*
*10 cl de vin rouge*
*thym, laurier, romarin, sauge,*
*persil, estragon, etc.*
*sel*
*1 petite botte de cresson*
*2 oignons*
*2 l d'eau*
*6 c. à soupe d'huile d'olive*
*1 pincée de piment*

Faire revenir l'oignon avec la moitié de l'huile d'olive. Émincer les herbes (pissenlit, cresson, orties…), les ajouter à l'oignon. Faire suer 3 à 4 minutes, déglacer avec le vin. Mouiller à l'eau, assaisonner, porter à ébullition. Cuire 20 minutes. Hors du feu adjoindre les herbes aromatiques (thym, laurier, romarin…) et la pointe de piment. Laisser infuser quelques minutes, ajouter le reste de l'huile d'olive et servir avec du pain complet. On peut aussi passer la soupe au moulin à légumes.

## Soupe miso

*15 g d'algue laitue de mer ou dulse séchée*
*1/2 c. à café de gingembre frais*
*1 carotte ou 1 navet*
*1/2 fenouil (en bulbe)*
*3 c. à soupe de miso d'orge*
*1 l d'eau*
*persil*

Faire bouillir l'eau avec le gingembre. Après ébullition, ajouter les algues coupées finement. Laver les légumes, les émincer, laisser cuire encore 5 à 10 minutes.
Prendre dans un bol une ou deux louches du bouillon, y diluer le miso de façon à obtenir une pâte liquide. La verser dans le bouillon en utilisant un fouet pour homogénéiser la préparation puis éteindre le feu.
Servir quelques minutes plus tard avec un peu de persil.

## Borchtch

***Pour 8 personnes***
*200 g de viande (facultatif*
*1 petit poivron*
*1/2 fenouil*
*2 carottes*
*3 betteraves moyennes*
*aneth, feuilles de laurier, ail*
*2 l d'eau*

*1 oignon*
*1 tomate*
*4 ou 5 brins de persil*
*1 chou de Milan*
*sel*
*4 c. à soupe d'huile d'olive*

Laver les légumes, émincer le poivron, les oignons, le chou, la tomate, le fenouil.

Râper les carottes et les betteraves.
Dans une cocotte faire revenir à l'huile d'olive les légumes émincés et râpés (sauf le chou). Cuire 10 minutes environ.
Ajouter l'eau, les aromates, le sel et porter à ébullition. Après 40 à 50 minutes de cuisson, ajouter le chou émincé et le persil. Attendre que l'ébullition reprenne, éteindre et servir.
Dans la version avec la viande, faire un bouillon de viande dans la quantité d'eau désirée pour la soupe, verser le tout dans la casserole aux légumes quand ceux-ci sont prêts.

# Entrées

### Pavé aux carottes

*5 carottes*
*1/2 de la recette de sauce quinoa*
*sel, poivre*

Laver, passer les carottes à la centrifugeuse. Réserver la pulpe et la mélanger à la sauce quinoa. Assaisonner. Garnir un cercle ou un ramequin, démouler sur une assiette. Servir avec une vinaigrette au basilic légèrement pimenté.
On peut aussi tout simplement servir le pavé nature sans le mouler.
Si l'on ne possède pas de centrifugeuse, utiliser un mixeur.
Réserver le jus de carotte pour une soupe, une terrine aux oléagineux, une boisson, etc.

### Céleri rémoulade

*400 g de céleri rave*
*1/2 de la recette de sauce quinoa*
*1 c. à café de moutarde*
*1 c. à café de jus de citron*
*eau*
*sel, poivre blanc*

Éplucher le céleri, le râper en julienne ; le mélanger avec la sauce quinoa agrémentée de moutarde, de jus de citron et d'un peu d'eau pour la détendre. Assaisonner et servir sans attendre.

### Concombres lacto-fermentés

*1 kg de concombres*
*5 tiges d'aneth*
*1 c. à café de sel fin*
*1 c. à café de graines de coriandre*

Émincer les concombres en tranches assez épaisses. Mettre dans un saladier, une couche de concombre, saupoudrer avec l'aneth haché, les graines de coriandre et le sel. Continuer l'opération jusqu'à la fin des concombres.
Poser une assiette qui puisse descendre au fond du récipient sur les concombres. Poser un poids dessus, couvrir, mettre au frais pendant 48 heures puis consommer.
On peut les consommer pendant une semaine environ, en remettant soigneusement l'assiette sur le récipient.

### Fond d'artichaut et sabayon aux herbes

*4 fonds d'artichaut*
*8 feuilles de chou vert*
*1 carotte*
*2 c. à soupe d'huile d'olive*
*1 sabayon aux herbes*

Cuire les fonds d'artichauts à la vapeur. Émincer le chou finement, tailler les carottes en petits dés. Cuire à la vapeur le chou et les dés de carottes. Garnir les fonds d'artichaut avec le chou et les dés de carottes, napper avec le sabayon aux herbes. Servir aussitôt.
On peut aussi utiliser du chou-fleur ou des courgettes à la place des artichauts et du chou.

### Hummus

*200 g de pois chiches*
*1 gousse d'ail*
*1 c. à soupe de purée de sésame*
*3 c. à soupe d'huile d'olive*
*1 citron*
*sel, poivre*
*1 c. à café de paprika*

Laisser tremper les pois chiches pendant 12 heures.
Cuire les pois chiches 2 heures à feu doux en démarrant la cuisson à l'eau froide, (on peut aussi utiliser des pois chiches en boîte).

Passer les pois chiches chauds à la passoire fine pour enlever les peaux. Les mixer avec l'ail, la purée de sésame, le jus d'un citron, l'huile d'olive et l'assaisonnement. Ajouter du jus de cuisson si la purée est trop épaisse. Elle doit être bien lisse et avoir la consistance d'une crème fraîche épaisse.
Verser l'hummus dans un plat creux, napper d'huile d'olive, saupoudrer de paprika et garnir de tranches de citron.

### Guacamole

*2 avocats bien mûrs*
*2 c. à soupe de coriandre*
*1 oignon*
*2 petits piments*
*1 tomate*

Mixer séparément la coriandre, l'oignon et les piments débarrassés de leurs graines. Réserver les piments hachés.
Couper la tomate en petits dés après avoir enlevé la peau et l'avoir épépinée.
Peler les avocats et écraser la chair avec un pilon ou une fourchette, ajouter les dés de tomate, l'oignon haché, la coriandre.
Ajuster peu à peu au goût la quantité de piments. Servir aussitôt car le guacamole perd très vite sa belle couleur.

### Salade de rillettes de maquereaux

*200 g de filets de maquereaux marinés*
*1 c. à café de vinaigre de cidre ou de citron*
*1 c. à café de moutarde*
*2 c. à soupe d'huile de tournesol*
*1 gousse d'ail*
*coriandre en poudre*
*1/2 c. à café d'estragon haché*
*1 c. à café de ciboulette hachée*
*sel, poivre*
*1 scarole*

*2 tranches de pain semi-complet*
*5 cl de vinaigrette*

Mixer les filets de maquereaux avec le vinaigre de cidre, la moutarde, la coriandre, l'estragon et l'assaisonnement. Ajouter l'huile, mixer pour obtenir une consistance lisse.
Couper le pain en carrés réguliers, le passer à l'ail puis 10 minutes à four doux.
Laver la scarole, la dresser sur une assiette, ajouter la vinaigrette. Masquer le pain tiède avec les rillettes et la ciboulette et le couper en petits carrés. Les dresser sur la salade et déguster sans attendre.

# Plats à base de céréales

## Lasagnes aux légumes d'hiver

*300 g de pâte à nouilles fraîche ou 200 g de lasagnes sèches*
*60 cl de béchamel*
*1 oignon*
*3 poireaux*
*6 carottes*
*2 radis noirs*
*farine (pour étaler la pâte)*
*4 c. à soupe d'huile d'olive*
*sel, poivre*

Étaler très finement la pâte à nouilles au rouleau, la couper en rectangles de 5 centimètres de largeur et 15 centimètres de longueur. Les cuire à l'eau bouillante salée 3 à 4 minutes. Les égoutter. Stopper la cuisson en les plongeant dans l'eau froide pour éviter qu'ils ne collent entre eux. Cuire les lasagnes sèches environ 10 minutes.
Cuire doucement l'oignon, les poireaux en tranches fines, les carottes et les radis noirs coupés en petits dés à l'huile d'olive, saler, poivrer. Cuire environ 12 à 15 minutes à l'étouffée. Les ajouter aux trois quarts de la béchamel. Garder le reste pour le dessus des lasagnes.
Masquer le fond du plat avec de la farce, recouvrir de lasagnes et d'une couche de farce, recommencer ainsi pour remplir le plat. Finir avec la farce et une mince couche de béchamel. Cuire au four de 30 à 40 minutes à 180 °C. Laisser reposer 5 minutes avant de servir.

## Lasagnes aux légumes d'été

*300 g de pâte à nouilles fraîche ou 200 g de lasagnes sèches*
*3 aubergines*
*3 courgettes*

*1 poivron*
*5 tomates*
*1 oignon*
*2 gousses d'ail*
*sel, poivre*
*6 c. à soupe d'huile d'olive*

Procéder de la même façon que pour les lasagnes aux légumes d'hiver. Tailler en tranches fines le poivron, l'oignon, les courgettes, les aubergines. Couper les tomates en quartiers, éplucher et hacher les gousses d'ail.

Dans une cocotte à fond épais, faire revenir les oignons puis les poivrons à l'huile d'olive. Ajouter les aubergines, les courgettes, les tomates et l'ail. Assaisonner et cuire à l'étouffée à feu très doux avec un peu d'eau à couvert pendant 40 à 45 minutes.

Égoutter les légumes et réserver le jus dans une casserole.

Masquer le fond du plat avec les légumes, recouvrir de lasagnes et d'une couche de légumes et continuer ainsi pour finir le plat. Finir avec les légumes, le jus de cuisson des légumes et l'huile d'olive restante. Cuire à four chaud 30 minutes. Laisser reposer 5 minutes avant de servir.

### Raviolis aux poireaux et aux maquereaux

*250 g de pâte à nouilles fraîche*
*1 poireau moyen*
*500 g de maquereaux*
*50 cl de fumet de poisson*
*aneth*
*1 c. à café de jus de citron*
*4 c. à soupe d'huile d'olive*
*1 c. à soupe de moutarde en grains*
*arrow-root ou farine*
*sel, poivre*

Cuire doucement le poireau émincé avec la moitié de l'huile pendant 4 à 5 minutes. Tailler les filets de maquereaux en cubes, les enrober

d'huile et de moutarde, ajouter le poireau, mixer le tout. Assaisonner et laisser reposer au froid.
Étaler finement la pâte, disposer régulièrement des petits tas de farce sur le côté gauche de la pâte, recouvrir avec le côté droit. Faire adhérer la pâte autour de chaque farce et couper en carré.
Réduire de moitié le fumet de poisson, hors du feu ajouter la moutarde et l'aneth haché, lier avec un peu d'arrow-root ou de farine si c'est nécessaire et finir avec le reste d'huile d'olive. Assaisonner.
Dans de l'eau bouillante salée, plonger les raviolis, cuire environ 10 à 12 minutes. Servir sur une assiette, napper de sauce.

**Raviolis aux foies de poisson**

*250 g de pâtes à nouilles*
*120 g de foies de poisson*
*15 feuilles d'épinards*
*1 gousse d'ail*
*2 c. à soupe d'huile d'olive*
*2 anchois*
*muscade*
*1/10 de botte de basilic*
*1 pincée de gingembre*
*30 cl de sauce tomate au vin rouge*
*sel*

Faire revenir vivement les foies à l'huile pendant 2 minutes ou utiliser des foies du commerce en boîte, cuire 3 minutes les épinards à la vapeur, mixer tous les ingrédients avec un peu d'huile d'olive pour obtenir une farce lisse. Réserver au froid.
Étaler la pâte finement, disposer également un peu de farce sur le côté gauche, recouvrir avec le côté droit et couper en carré.
Cuire 10 à 12 minutes à l'eau bouillante salée, égoutter, mettre dans un plat à four avec la sauce tomate et passer 10 à 15 minutes au four.

## Boulghour aux légumes

*240 g de boulghour*
*80 g de pois chiches*
*1 oignon*
*4 carottes*
*4 petits navets*
*1 petit fenouil*
*1 brin de sarriette*
*2 petits piments*
*1/2 c. à café de coriandre*
*1/2 c. à café de carvi*
*1 clou de girofle*
*1/2 c. à café de cumin*
*sel, poivre*
*5 c. à soupe d'huile d'olive*

Laisser tremper les pois chiches pendant 12 heures puis les cuire 2 heures à feu doux, avec la sarriette, en démarrant la cuisson à l'eau froide. Tailler les navets, les carottes, l'oignon, le fenouil en tronçons, les faire sauter séparément à l'huile, réserver. Ajouter les épices exceptés les piments et les cuire doucement 2 minutes, les incorporer aux pois chiches. On peut aussi ajouter les légumes dans les pois chiches sans les avoir passés à l'huile.

Ajouter les carottes au bout d'1 heure 30 de cuisson des pois chiches, 10 minutes après ajouter les navets puis le fenouil. Assaisonner 30 minutes avant la fin de la cuisson.

Mélanger l'huile, le sel et le poivre avec le boulghour. Le cuire dans deux fois son volume d'eau pendant 10 minutes, laisser gonfler 10 minutes.

Mixer les piments égrainés avec un peu de carotte, de navet et du jus de légumes pour obtenir une purée.

## Chili sin carne et galettes de blé

*200 g de haricots rouges*
*2 oignons*
*2 tomates*
*4 gousses d'ail*
*2 c. à café de cumin en poudre*
*50 cl de vin rouge*
*1 c. à café de paprika*
*1 c. à café de basilic pimenté*
*1/2 avocat*
*sel*
***Galettes de blé***
*250 g de farine de type 80*
*2 c. à soupe d'huile d'olive*
*15 cl d'eau*
*sel*

Faire tremper les haricots pendant 12 heures.
Démarrer la cuisson des haricots rouges dans le vin froid, porter à ébullition, ajouter l'ail, les oignons, les épices, saler. Cuire à feu doux à couvert pendant 2 heures minimum, ajouter les tomates en quartiers au bout d'1 heure. S'il manque du liquide, ajouter de l'eau bouillante. Réduire le jus de cuisson après avoir retiré les haricots rouges, s'il n'est pas assez lié. Mélanger le basilic pimenté au demi-avocat passé au tamis ou écrasé à la fourchette, ajouter le mélange aux haricots et servir aussitôt.
Mettre la farine sur un marbre ou une planche, faire une fontaine, ajouter l'huile, le sel et l'eau. Mélanger et pétrir environ 10 minutes jusqu'à obtenir une pâte lisse et homogène. Laisser reposer 3 heures. Faire douze boules et les étaler finement. Les cuire dans une poêle comme des crêpes
Les servir avec le chili.

## Riz aux algues et aux moules

*250 g de riz semi-complet*
*150 g de wakamé fraîche ou 30 g sèche*
*1 oignon*
*2 carottes*
*curcuma*
*500 g de moules*
*2 gousses d'ail*
*4 c. à soupe d'huile d'olive*
*sel, poivre*

Éplucher l'ail, l'oignon, hacher le tout. Laver les carottes, les râper. Laver les moules, les ouvrir à feu vif, réserver le jus et les moules. Cuire 10 minutes à feu très doux les oignons, l'ail et les carottes jusqu'à ce qu'ils deviennent translucides.

Ajouter les algues, verser le riz, ajouter le curcuma, de l'eau bouillante (deux fois le volume de riz) et le jus de moules, le sel et le poivre. Cuire 35 à 40 minutes à feu doux. Ajouter les moules et servir sans attendre.

## Purée de millet

*200 g de millet*
*sel, poivre*
*3 c. à soupe d'huile d'olive*
*20 cl de lait d'avoine*
*1 pincée de muscade*
*1 pincée de gingembre*

Cuire le millet dans quatre fois son volume d'eau pendant 20 minutes. Assaisonner et ajouter l'huile d'olive en fin de cuisson. Faire bouillir le lait d'avoine avec la muscade et le gingembre.

Passer le millet au tamis, l'ajouter au lait bouillant, bien mélanger pour obtenir une purée lisse. Servir aussitôt.

# Tartes, tourtes et quiches

## Pissaladière

*Pour 8 personnes*
*350 g de farine de type 80*
*10 g de levure de boulanger*
*7 c. à soupe d'huile d'olive*
*1 c. à café de sel*
*30 cl d'eau*
*12 anchois*
*10 oignons*
*1 c. à soupe de câpres*
*1 c. à soupe d'huile d'olive*
*3 gousses d'ail*
*thym, laurier*
*16 olives noires*
*sel, poivre*

Préparer une pâte à pain. Verser la levure dans 5 cl d'eau. Faire deux fontaines avec la farine, y verser la levure d'un côté et le sel de l'autre, ajouter l'eau et l'huile d'olive. Travailler la pâte avec les doigts pour qu'elle devienne souple et collante puis la pétrir sur une planche farinée pendant 7 à 10 minutes. Elle doit être lisse et élastique. La laisser reposer dans un endroit tiède jusqu'à ce qu'elle double de volume. Réserver au frais.
Pendant ce temps, cuire doucement les oignons à l'huile sans les colorer durant 20 minutes. Hors du feu, ajouter les anchois et les câpres hachés. Abaisser la pâte à 5 millimètres, en forme de cercle, y étaler les oignons, répartir les olives. Former un rebord avec la pâte pour maintenir la garniture. Enfourner la pissaladière à 220 °C pendant 25 minutes environ.

## Quiche aux moules

*1 pâte brisée*
*500 g de moules entières*
*1 petit oignon*
*1 poireau*
*1 gousse d'ail*
*1 c. à soupe de persil haché*
*1 c. à café de jus de citron*
*20 cl de fumet de poisson ou de lait d'amande*
*1 œuf*
*1 jaune d'œuf*
*curcuma*
*sel*

Ouvrir les moules sur un feu vif avec l'oignon et le persil hachés, le jus de citron et la gousse d'ail écrasée. Réserver le jus, sortir les moules de leurs coquilles. Cuire le blanc de poireau émincé 10 minutes à la vapeur.

Garnir un moule à tarte avec la pâte brisée, y mettre les moules et les poireaux. Ajouter le fumet ou le lait, le jus des moules, le curcuma et les œufs battus en omelette, saler et cuire à 180 °C pendant 25 à 30 minutes.

## Quiche aux épinards

*1 pâte brisée*
*400 g d'épinards*
*15 cl de lait d'avoine*
*1 œuf*
*1 jaune d'œuf*
*muscade*
*sel, poivre*
*2 c. à soupe d'huile d'olive*

Cuire à l'étouffée les épinards taillés grossièrement avec leurs tiges, avec la muscade et l'huile pendant 4 à 5 minutes. Mélanger le lait auquel on aura ajouté le jus de cuisson des épinards, y adjoindre les œufs battus, assaisonner. Étaler la pâte dans un moule, garnir avec les épinards, ajouter le mélange lait-œufs et cuire au four à 180 °C durant 25 à 30 minutes.

### Quiche lorraine

*1 pâte brisée*
*200 g de poitrine de porc*
*1 oignon*
*20 cl de lait d'avoine*
*1 c. à soupe d'amandes en poudre*
*1 œuf*
*1 jaune d'œuf*
*muscade*
*sel, poivre*

Cuire pendant 10 minutes à l'étouffée la poitrine coupée en lardons et l'oignon haché.
Garnir un moule à tarte avec la pâte brisée, y mettre les lardons. Mélanger les œufs et la poudre d'amande, ajouter le lait, la muscade et l'assaisonnement. Verser sur les lardons et cuire au four à 180 °C durant 25 à 30 minutes.

### Quiche provençale

*1 pâte brisée*
*1 oignon*
*1 poivron moyen*
*2 tomates*
*2 courgettes*
*2 gousses d'ail*
*1/10 de botte de basilic*
*15 cl de lait d'amande*
*1 œuf*
*1 jaune d'œuf*
*4 c. à soupe d'huile d'olive*
*sel, poivre*

Cuire doucement à l'huile d'olive oignon et poivron pendant 5 minutes. Ajouter les tomates en quartiers puis les courgettes en tranches fines, l'ail et le basilic haché. Assaisonner et cuire 10 minutes. Égoutter les légumes dans une passoire, réserver le jus et le mélanger avec le lait et les œufs.
Garnir un moule à tarte avec la pâte brisée, remplir avec la ratatouille, verser le mélange lait-œufs et cuire au four à 180 °C durant 25 à 30 minutes.

### Quiche aux champignons

*1 pâte brisée*
*400 g de champignons*
*3 échalotes*
*1 petit poireau*
*1 c. à soupe de ciboulette, estragon, cerfeuil*
*20 cl de lait d'amande*
*1 œuf*
*1 jaune d'œuf*
*2 c. à soupe d'huile d'olive*
*sel, poivre*

Cuire à l'étouffée à l'huile d'olive les échalotes hachées, le poireau en tranches fines, les champignons en quartiers pendant 6 à 8 minutes. Garnir un moule à tarte avec la pâte brisée, répartir les légumes sur la pâte. Ajouter le lait d'amande mélangé aux œufs et les herbes. Assaisonner. Cuire 25 à 30 minutes à 180 °C.

### Tourte aux feuilles de légumes

*1 pâte brisée*
*100 g de feuilles de moutarde*
*80 g de noix en poudre*
*coriandre*
*4 c. à soupe d'huile d'olive*
*250 g de feuilles de betterave*
*1 botte de feuilles de navets*
*cumin*
*1 c. à soupe de miso*

Faire dégorger les feuilles de betterave au gros sel pendant 1 heure, réserver le jus pour une soupe ou des légumes lacto-fermentés.

Blanchir les feuilles de moutarde à la vapeur 3 à 4 minutes puis les feuilles de navets 5 minutes. Réserver.
Griller à sec les graines de cumin et de coriandre, les écraser. Garnir un moule à tarte avec la pâte brisée. Mettre les feuilles de betterave crues, les feuilles de navets et de moutarde sur la pâte ; saupoudrer d'épices, de noix en poudre. Mélanger, finir par l'huile d'olive. Couvrir le dessus de la tarte avec le reste de la pâte étalée finement, cuire au four à 100 °C environ 1 heure.

### Tarte aux maquereaux et aux légumes

*1 pâte brisée*
*500 g de maquereaux*
*10 cl de fumet de langoustine*
*2 œufs*
*1 petit poireau*
*3 carottes*
*sel*

Mixer le poireau et les carottes avec le jus de langoustine après les avoir cuits à la vapeur, saler puis ajouter les œufs battus. Réserver. Lever les filets de poissons, enlever les arêtes, les couper en morceaux. Garnir un moule à tarte avec la pâte brisée, répartir le poisson sur la tarte et verser le mélange aux légumes. Cuire à 180 °C pendant 25 à 30 minutes.

### Tarte aux poireaux

*1 pâte brisée*
*1 petit fenouil*
*1 petit oignon*
*25 cl de béchamel*
*5 poireaux*
*100 g champignons*
*2 c. à soupe d'huile d'olive*
*1 œuf (facultatif)*

Cuire doucement le fenouil et les champignons coupés en tranches fines à l'huile pendant 5 minutes.
Cuire les poireaux coupés en tranches fines à la vapeur durant 10 minutes.

Foncer un moule avec la pâte, ajouter les poireaux, le fenouil et les champignons, garnir avec la béchamel dans laquelle on aura ajouté un œuf. Cuire au four à 180 °C pendant 25 à 30 minutes.

### Tarte de légumes aux deux couleurs

***Pour 8 personnes***
*2 pâtes brisées*
*500 g de chou vert*
*500 g de carottes*
*1 pincée de gingembre*
*1 pincée de cumin*
*1 pincée d'anis vert*
*5 œufs*
*huile*
*sel, poivre*

Couper les carottes en tranches fines, les étuver à feu doux avec sel, eau, huile, cumin et anis vert pendant 15 minutes.
Émincer le chou, le faire revenir à feu vif 2 minutes. Saler, ajouter le gingembre et cuire 3 minutes à feu doux.
D'un côté, mixer les carottes, ajouter la moitié des œufs; d'un autre, mixer les choux et le reste des œufs.
Garnir un moule à tarte avec la pâte brisée et napper le fond avec la purée de carottes, puis la purée de chou, cuire 25 à 30 minutes à 180 °C. On peut manger cette tarte chaude ou froide.

# Plats à base de viande ou de poisson

## Rôti de bœuf cuit à basse température

*600 g de faux filet*
*1 brin de thym*
*1 brin de romarin*
*sel, poivre*

Préchauffer le four à 90 °C. Mettre le rôti sur la grille du four après l'avoir salé et poivré, le saupoudrer avec les aromates puis le cuire pendant 3 heures environ pour une cuisson à point.
Cette cuisson à l'avantage d'éviter la carbonisation de la chair et d'obtenir une viande moelleuse. Il faut bien sûr utiliser une viande de bonne qualité.

## Thon cuit à basse température

*500 g de thon germon (tranche)*
*4 à 5 feuilles de basilic*
*2 à 3 brins d'aneth*
*2 c. à soupe d'huile d'olive*
*sel, poivre*

Préchauffer le four à 90 °C.
Concasser grossièrement le basilic et l'aneth, ajouter l'huile d'olive, l'assaisonnement et mettre le thon à mariner 10 minutes de chaque côté.
Disposer la tranche de thon sur la grille du four, disposer un plat dessous et cuire pendant 2 heures 30. On retrouve les mêmes avantages que pour la viande (voir ci-dessus).
On peut aussi tout simplement assaisonner le thon, le cuire et ajouter l'huile d'olive ou non au moment de servir. On peut encore changer les aromates, etc.

## Sardines en croûte de sel

*16 sardines*
*1,5 kg de gros sel*
*4 blancs d'œufs*

Mélanger le gros sel avec les blancs d'œufs.
Sur une plaque allant au four étaler une fine couche de croûte de sel, coucher les sardines sans les écailler ni les vider, les recouvrir avec le reste du gros sel pour faire une pâte hermétique et cuire à four chaud pendant 10 à 12 minutes.
Casser la croûte de sel, retirer les sardines, enlever le sel, les vider et les manger aussitôt.
On peut aussi cuire les sardines dans les braises d'un feu de cheminée, ou encore les vider, les assaisonner, les envelopper dans un papier sulfurisé huilé et les cuire avec la méthode ci-dessus ; elles sont ainsi beaucoup moins salées mais tout aussi moelleuses.

## Roulés de lieu jaune et crème de poireaux

*500 g de filets de lieu jaune*
*4 algues nori*
*2 carottes*
*1 poireau*
*1 oignon*
*sel, poivre*
*huile d'olive*
*crème de poireaux*
*30 cl de fumet de poisson*
*3 blancs de poireau*

Étuver l'oignon, le poireau en tranches fines et les carottes râpées à l'huile d'olive.
Masquer les filets avec les légumes et les rouler dans les algues en les serrant bien en partant de la queue.
Au moment de servir, cuire les roulés à la vapeur pendant 10 à 12 minutes.

Réduire le fumet de moitié. Cuire les blancs de poireaux à la vapeur. Les ajouter au fumet, mixer jusqu'à l'obtention d'une crème lisse, ajouter de l'huile d'olive. Réserver au chaud.
Napper l'assiette de crème de poireaux, couper les roulés en quatre, les dresser sur la crème.

### Choucroute de poissons

***Pour 8 personnes***
*1 kg de choucroute*
*2 oignons*
*2 carottes*
*12 grains de genièvre*
*1 c. à café de cumin*
*2 clous de girofle*
*12 graines de coriandre*
*1 branche aneth*
*sel, poivre*
*1 petit bouquet garni*
*300 g d'algues fraîches salées*
*400 g de filets de bar*
*400 g de rougets*
*300 g de langoustines*
*400 g de filets de lieu jaune*

***Fumet de poisson***
*500 g de têtes et d'arêtes de poisson*
*1 petit oignon*
*5 cl de vin blanc*
*2 c. à soupe d'huile d'olive*
*2 gousses d'ail*

***Sauce aux pommes***
*2 pommes, sel, poivre*

***Sauce aux légumes***
*légumes cuits de la choucroute*
*10 cl de lait d'avoine ou d'eau*
*1/4 de botte de persil*
*4 gousses d'ail*
*1 branche de fenouil*
*1 c. à café de moutarde*
*jus de citron, sel, poivre*

Faire tremper la choucroute plusieurs heures dans l'eau. Répartir la moitié de la choucroute et les algues sur la grille du cuit-vapeur, saler et poivrer. Disposer les carottes, les oignons piqués de clous de girofle, les épices écrasées, le bouquet garni et les herbes. Recouvrir avec le reste de choucroute et le reste d'algues. Faire cuire 1 heure 30. Quelques minutes avant la fin cuire les langoustines avec la choucroute. Elle est juste croquante.

**Sauce aux légumes**

Mixer les carottes, l'oignon, l'ail, le bouquet de persil, ajouter le lait, le jus de citron, la moutarde et la branche de fenouil, mixer à nouveau, tenir au chaud.

**Sauce aux pommes**
Couper les pommes en gros dés, les faire cuire 15 minutes à feu doux, saler, poivrer. Mixer ou tamiser pour obtenir une purée lisse.
**Fumet de poisson**
Faire suer l'oignon et le poireau émincés, ajouter les têtes et les arêtes, cuire doucement quelques minutes. Déglacer au vin blanc, réduire, mouiller avec 1/2 litre d'eau, ajouter l'ail. Cuire 30 minutes à feu doux après ébullition.
**Cuisson des poissons**
Cuire dans le fumet sans le faire bouillir les rougets entiers et vidés, les filets de bar et de lieu jaune levés par votre poissonnier.
**Dressage**
Verser la choucroute dans un plat de service, disposer les morceaux de poisson et les langoustines. Servir les sauces dans des saucières.

## Poisson gras mariné

*1 kg d'anchois*
*4 c. à soupe de gros sel*
*25 cl de vinaigre de vin ou de cidre*
*huile d'olive*

Tous les poissons bleus (sardines, maquereaux, chinchards, etc.) conviennent pour cette recette.
Vider et prélever les filets d'anchois, les saupoudrer de gros sel, attendre une nuit. Après les avoir rincés, les mettre à mariner avec le vinaigre jusqu'à ce qu'ils soient cuits par l'acidité (8 à 10 heures). Les égoutter et les recouvrir d'huile dans un bocal ou une terrine. Les consommer après une semaine, ils se conservent au froid plus d'un mois.
On peut les utiliser pour garnir des pizzas, des salades, des crudités, des sauces et ils rentrent dans la composition des rillettes de poissons, des pâtes à tartiner.

### Salade de poisson cru et de concombre

*300 g de filets de maquereaux*
*300 g de concombre*
*1 c. à soupe de jus de citron*
*1 c. à soupe de sauce de soja*
*1 c. à soupe de sucre roux*
*gros sel*
*sel fin*

Saler les filets de poisson au gros sel après avoir enlevé les arêtes, laisser agir 20 minutes, les rincer à l'eau froide et les essuyer avec du papier absorbant.
Les passer au congélateur jusqu'à ce qu'ils soient bien fermes mais non congelés. Avec un couteau tranchant couper de fines tranches et réserver au frais.
Laver le concombre, ne pas l'éplucher, l'émincer en tranches fines, laisser macérer avec un peu de sel pendant 20 minutes. Mélanger le jus de citron, la sauce de soja, le sucre, le sel et le jus rendu par le concombre.
Napper les tranches de poisson et de concombre de cette sauce, laisser macérer 10 minutes au frais et servir.

### Gâteau de foie de lotte aux langoustines

*200 g de foie de lotte bien blanc et bien ferme*
*500 g de langoustines moyennes*
*2 œufs*
*20 cl de lait d'avoine*
*1/2 c. à café de jus de citron*
*3 à 4 brins de persil*
*1 gousse d'ail*
*1 c. à soupe d'huile d'olive*
*1 c. à café d'arrow-root*
*sel, poivre*

Faire bouillir de l'eau salée, y jeter les langoustines, les retirer 1 minute après l'ébullition et les décortiquer.

Laisser mariner le foie de lotte dans du lait au réfrigérateur pendant 12 heures. Le laisser égoutter puis enlever la peau et le dénerver. Le passer au mixeur, ajouter les œufs, le lait d'avoine, le citron, l'ail et le persil, l'assaisonnement, l'arrow-root et mélanger au fouet. Garnir des ramequins huilés avec le mélange, adjoindre quelques langoustines. Cuire 30 à 35 minutes au four dans une plaque dans laquelle on aura mis un peu d'eau chaude. Servir avec une sauce aux huîtres.

### Brandade de morue

*300 g de morue salée*
*5 gousses d'ail*
*1 kg de pommes de terre*
*2 brins de thym, laurier*
*10 cl d'huile d'olive*
*75 cl de lait d'amande ou d'avoine*
*poivre*

Laisser dessaler la morue pendant 24 heures. La cuire avec le lait, les aromates et les gousses d'ail à feu très doux pendant 12 à 15 minutes. Cuire les pommes de terre à la vapeur et les passer au presse-purée. Mélanger au mortier la morue, le lait et la purée, bien piler l'ensemble. Ajouter l'huile d'olive, poivrer et servir aussitôt. On peut aussi faire le mélange dans un saladier avec une cuillère en bois.

# Plats à base de légumes

### Tofu aux légumes

*500 g de tofu*
*3 c. à soupe d'huile d'olive*
*1 oignon*
*5 carottes*
*3 navets moyens*
*1/2 chou*
*sel, poivre*
*25 cl de fumet ou d'eau*

Faire sauter vivement quelques minutes dans l'huile le tofu coupé en gros dés, l'enlever. Faire revenir à l'huile les légumes en tronçons, les retirer, ajouter le fumet ou l'eau, remettre les ingrédients sauf le chou, assaisonner. Cuire à feu doux pendant 30 minutes. Quelques minutes avant la fin de la cuisson ajouter le chou émincé.

### Gratin d'aubergines aux langoustines

*6 aubergines*
*800 g de langoustines*
*40 cl de fumet de langoustine*
*1/2 c. à soupe d'arrow-root*
*thym, laurier*
*1 petit fenouil*
*3 brins de fenouil*
*1/10 de botte de basilic*
*5 cl d'huile d'olive*
*fleur de sel*
*grains de coriandre*

Couper les aubergines en deux et quadriller leur chair au couteau. Cuire à la vapeur avec le fenouil en dés et les brins pendant 25 à 30 minutes. Faire revenir les langoustines à l'huile, ajouter le fumet et cuire 2 à 3 minutes. Sortir les langoustines, les décortiquer. Lier le fumet avec l'arrow-root.
Vider les aubergines, y adjoindre la coriandre en poudre, les brins de fenouil hachés, le basilic et le fenouil. Mélanger les langoustines, napper de la sauce et du reste d'huile. Cuire 15 à 20 minutes au four à 180 °C.

### Gratin de pommes de terre aux harengs fumés

*1 kg de pommes de terre*
*200 g de harengs fumés*
*1 l de béchamel*
*1 jaune d'œuf*

Laver et cuire les pommes de terre à la vapeur. Les éplucher, les couper en quartiers. Les mettre dans un plat allant au four avec les filets de harengs coupés en tranches fines. Napper de béchamel, faire gratiner à four chaud.

### Gratin de chou-fleur

*1 kg de chou-fleur*
*1 l de béchamel*
*1 jaune d'œuf*
*sel, poivre*

Cuire les bouquets de chou-fleur à l'étouffée avec un peu d'eau, les garder croquants. Les mettre dans un plat allant au four, napper de béchamel, faire gratiner à four chaud.

### Gratin dauphinois

*1 kg de pommes de terre*
*600 g de lait d'avoine*
*muscade*
*2 œufs*
*2 gousses d'ail*
*sel*

Laver et éplucher les pommes de terre, les émincer et les disposer dans un plat huilé.

Mélanger les œufs battus au lait, saler, verser le mélange sur les pommes de terre, ajouter l'ail haché, la muscade râpée et cuire au four 50 à 60 minutes à 200 °C.

### Purée de courgettes

*200 g de haricots blancs secs*
*3 courgettes moyennes*
*2 c. à soupe d'huile d'olive*
*1 brin d'algue kombu séchée*
*sel, poivre*

Faire tremper les haricots pendants 12 heures. Démarrer la cuisson à l'eau froide, porter à ébullition. Ajouter l'algue, cuire 2 heures à feu très doux. Passer les haricots à la passoire fine ou au tamis pour enlever les peaux. Laver les courgettes, les couper en tronçons, les cuire à la vapeur pendant 15 minutes environ. Les passer au moulin à légumes, mixer la peau qui reste dans le moulin.
Mélanger la purée de haricots aux courgettes, assaisonner, ajouter l'huile d'olive et réchauffer au bain-marie.
On peut utiliser d'autres légumes verts dans cette purée.

### Purée de potimarron

*800 g de potimarron*
*1 pincée de muscade*
*2 c. à soupe d'huile d'olive*
*10 cl de lait d'avoine*
*1 pincée de cumin*
*sel*

Laver le potimarron et enlever les graines, le couper en tranches épaisses et le cuire avec la peau à la vapeur. Le passer au moulin à légumes, mettre la pulpe dans une casserole et la travailler à feu doux en ajoutant le lait d'avoine bouillant et salé dans lequel la muscade et le cumin auront infusé. Finir avec l'huile d'olive.

## Turban d'aubergines confites et farcies

*1 kg d'aubergines*
*1 oignon*
*200 g de poisson gras (thon, sardines ou anchois)*
*60 g de sarrasin*
*2 brins de thym*
*coriandre*
*aneth*
*6 c. à soupe d'huile d'olive*
*sel, poivre*
***Coulis de tomate au basilic***
*300 g de tomates*
*1/4 de botte de basilic*
*1/4 de petit piment vert*
*jus de légumes ou eau*
*sel*

Couper les aubergines en deux ou en quatre, quadriller leur chair sans entailler la peau. Les passer au four à 180 °C. Elles sont cuites lorsqu'une cuillère s'enfonce sans effort dans la pulpe (environ 35 à 40 minutes).

Cuire le sarrasin 20 minutes dans une fois et demi à deux fois son volume d'eau. Laisser refroidir. Passer le poisson au mixeur (pour le thon enlever les arêtes du filet). Après avoir fait cuire doucement les oignons hachés à l'huile d'olive, l'aneth le thym et les grains de coriandre en poudre, incorporer le tout à la chair de poisson. Saler, poivrer.

Prélever la pulpe des aubergines et l'incorporer au mélange précédent. Tapisser un moule rond avec la peau des aubergines, déposer la farce dessus, refermer, cuire à four doux 15 à 20 minutes.

Mixer les tomates, les passer à la passoire fine, puis ajouter le basilic et le quart d'un petit piment vert, saler. Ajouter de l'eau ou un jus de légumes pour faire une sauce nappante. Le chauffer au bain-marie.

Démouler le turban dans un plat de service et l'arroser de la moitié du coulis, le reste en saucière.

On peut aussi vider les aubergines, mixer la pulpe, le poisson et l'épice, garnir les peaux des aubergines et cuire 30 minutes au four.

## Mousse de céleri

*300 g de purée de céleri-rave*
*3 blancs d'œuf*
*graines de cumin*
*graines de moutarde blanche*
*3 c. à soupe de lait d'avoine*
*sel, poivre*

Éplucher le céleri rave, le cuire à la vapeur pendant 15 à 20 minutes. En prendre 300 grammes. Le passer au mixeur, ajouter les blancs d'œuf, mixer quelques secondes. Assaisonner puis ajouter et mixer le lait d'avoine. Ajouter le cumin et la moutarde.
Garnir une terrine huilée avec le céleri, cuire au four à 160 °C pendant 20 à 25 minutes. Laisser reposer quelques minutes avant de démouler.
On peut servir cette mousse chaude ou froide.

## Mousse de carottes

*300 g de purée de carottes crues*
*3 blancs d'œuf*
*3 c. à soupe de lait d'avoine*
*anis vert*
*cumin*
*sel, poivre*

Laver les carottes, ne pas les éplucher, les centrifuger à la grille fine, réserver 300 grammes de pulpe. Garder le jus pour des soupes, des sauces ou des boissons.
Passer au mixeur la purée avec les blancs d'œuf, assaisonner, ajouter le lait d'avoine, mixer, ajouter les épices. Garnir une terrine huilée avec la purée de carottes, cuire au four 20 à 25 minutes à 160 °C. Attendre quelques minutes avant de démouler.
On peut servir cette mousse chaude ou froide. Servir avec un coulis de légumes.

## Terrine de légumes

*3 carottes*
*6 navets*
*200 g de haricots verts*
*3 œufs*
*20 cl de lait d'avoine*
*cumin*
*coriandre*
*sel, poivre*

Laver et tailler les carottes et les navets en tranches fines, les cuire à la vapeur 15 minutes.

Laver et équeuter les haricots verts, les cuire à la vapeur 15 minutes.

Battre les œufs en omelette, ajouter le lait d'avoine, les graines de cumin et de coriandre concassées. Assaisonner.

Garnir le fond d'une terrine huilée avec un peu de mélange aux œufs, mettre une couche de carottes, une couche de haricots verts et une couche de navets.

Y mettre le reste du mélange aux œufs en écartant les couches de légumes pour bien répartir la crème.

Cuire au four pendant 30 minutes à 160 °C. Laisser refroidir et servir le lendemain avec un coulis de poivron.

# Desserts

## Crèmes, nappages et sauces pour desserts

### Crème pâtissière

*Pour 8 personnes*
*50 cl de lait d'avoine*
*4 jaunes d'œuf*
*1 gousse de vanille*
*2 c. à soupe bombées de farine*
*3 c. à soupe bombées de sucre roux*

Battre les jaunes et le sucre au fouet, ajouter la farine, mélanger le tout. Verser le lait d'avoine bouillant sur les jaunes, remettre dans la casserole. Porter à ébullition puis cuire 2 à 3 minutes.

### Crème Saint-Honoré

*Pour 8 personnes*
*1 crème pâtissière*
*2 blancs d'œuf*
*2 c. à soupe bombées de sucre roux*
*2 g d'agar-agar*

Cuire le lait d'avoine avec l'agar-agar pendant 4 à 5 minutes puis réaliser la crème pâtissière comme précédemment. Monter les blancs en neige ferme, finir avec le sucre. Mélanger le tout délicatement avec la crème, garnir aussitôt.

## Crème d'amandes

*Pour 8 personnes*
*125 g de poudre d'amande*
*2 œufs*
*3 c. à soupe bombées de sucre*
*50 g de margarine non hydrogénée*
*7 cl de lait de riz*
*1 c. à soupe rase de farine*

Ramollir la margarine pour obtenir la consistance d'une pommade. Ajouter le lait de riz, les œufs, l'amande en poudre, le sucre et la farine. Travailler le mélange au fouet électrique ou au fouet à main jusqu'à la consistance d'une crème.

## Crème aux épices

*Pour 4 personnes*
*30 cl d'eau*
*1 pincée de cumin*
*1 pincée de curry*
*1 pincée de gingembre*
*3 c. à soupe bombées de sucre roux*
*60 g de physalis (amour-en-cage)*
*1 c. à soupe bombée de farine*
*1 c. à soupe d'huile d'olive*
*1 c. à café de jus de citron*
*400 g de tomates cerises*
*100 g de petits pois écossés*

Mettre l'eau, les épices, le sucre dans une casserole. Porter à ébullition, laisser refroidir.
Hors du feu ajouter les tomates et les petits pois. Les pocher dans le jus (l'eau ne doit pas bouillir). Les réserver une fois cuits pour une tarte, une soupe sucrée, un gâteau à la rhubarbe, etc.
Réduire le jus de moitié, lier avec farine et huile ou arrow-root. Lorsque le mélange est froid, ajouter le physalis mixé.

### Crème anglaise

*Pour 8 personnes*
*50 cl de lait de riz*
*4 jaunes d'œuf*
*3 c. à soupe bombées de sucre roux*
*1 gousse de vanille*

Battre les jaunes et le sucre au fouet, verser le lait chaud sur les jaunes en mélangeant, remettre le mélange dans la casserole, cuire jusqu'à la nappe, la sauce doit napper la cuillère (84 °C) en remuant sans cesse avec une cuillère, elle ne doit surtout pas bouillir. La passer à la passoire fine.

### Crème ganache

*Pour 8 personnes*
*200 g de chocolat noir*
*40 g de cacao ou de caroube*
*25 cl de lait de riz*

Faire bouillir le lait de riz, le verser sur le chocolat, bien mélanger au fouet. Ajouter le cacao ou la poudre de caroube. On peut rajouter un peu de sucre pour adoucir son amertume.

### Coulis de fruits

*400 g de fruits frais (fraises, kiwis, abricots, pêches, etc.)*
*1 c. à café de jus de citron*
*10 cl d'eau*
*2 c à soupe bombées de sucre roux*

Porter à ébullition l'eau et le sucre pour le dissoudre. Laisser refroidir. Mixer les fruits avec le jus de citron et le sirop. Le passer à la passoire. Utiliser tout de suite ou conserver au réfrigérateur jusqu'à l'emploi.

### Sauce chocolat

*100 g de chocolat noir* *15 cl de lait de riz*

Porter à ébullition le lait de riz, le verser sur le chocolat, mélanger, passer à la passoire. Réserver pour l'emploi.

### Nappage à la gelée de pommes

*6 pommes*
*40 cl d'eau*
*3 c. à soupe bombées de sucre roux*
*4 g d'agar-agar*

Faire bouillir l'eau avec le sucre pour le dissoudre.
Laver, concasser grossièrement les pommes sans les éplucher ni ôter les pépins, les plonger dans le sirop bouillant, cuire environ 10 minutes à feu doux. Passer le tout à la passoire fine. Laisser refroidir. Ajouter l'agar-agar, porter à ébullition et cuire 4 à 5 minutes à feu doux. Passer le sirop à la passoire et laisser refroidir à température ambiante.
Une fois refroidie mais non prise, cette gelée est prête pour napper les tartes et les entremets.
Elle ne dénature pas les desserts ayant un goût fin et étant transparente.
On peut la conserver trois à quatre jours dans un récipient hermétique, la chauffer et la laisser refroidir pour l'utiliser.

## Tartes

### Tarte de semoule aux fruits

***Pour 8 personnes***
*100 g de semoule de blé fine*
*1 l de lait de riz*
*4 c. à soupe de sucre*
*sel*
*600 g de fruits*
*1 pincée de cannelle*
*1 gousse de vanille*

Faire bouillir le lait de riz avec le sucre, la vanille, la cannelle et le sel. Verser la semoule en pluie, cuire quelques minutes. Ouvrir la gousse de vanille en deux, récupérer les graines et les incorporer à la semoule. Mouler la semoule dans un plat, bien l'égaliser en une couche fine, et laisser refroidir.

Préparer les fruits : cela peut être des fruits rouges (fraises, framboises, etc.) ou des poires cuites. Les couper en tranches fines ou en quartiers.
Démouler la semoule, la détailler en huit parts égales, y dresser les fruits émincés et les manger sans attendre. On peut masquer les tartelettes avec un nappage aux pommes.

### Tarte aux fraises

*1 pâte brisée*
*400 g de fraises*
***Crème au kiwi***
*30 cl de lait d'avoine*
*2 kiwis*
*2 jaunes d'œuf*
*2 c. à soupe de sucre roux*
*40 g de farine*

Confectionner la pâte brisée.
Crème au kiwi – Bien mélanger jaunes et sucre au fouet. Ajouter la farine, verser le lait bouillant, mélanger. Remettre dans la casserole, amener sur le feu jusqu'à ébullition et cuire 2 à 3 minutes. Mixer les kiwis, les mélanger à la crème refroidie.
Garnir un moule à tarte avec la pâte, mettre au fond, après l'avoir piquée, un papier sulfurisé avec des haricots pour le maintenir (cuisson à blanc) et cuire 25 à 30 minutes à 180 °C. Garnir avec la crème kiwi, couper les fraises en deux et les ranger sur la tarte. La manger aussitôt car la pâte se détrempe vite. On peut garnir la tarte le lendemain, elle est meilleure et plus croustillante.

### Tartelettes aux petits pois et aux tomates confites

*1 pâte brisée*
*300 g de tomates cerises*
*100 g de petits pois écossés*
*4 capucines (fleurs)*
*30 cl d'eau*

*1 pincée de cumin*
*1 pincée de curry*
*1 pincée de gingembre*
*3 c. à soupe bombées de sucre roux*
*60 g de physalis (amour-en-cage)*
*1 c. à soupe bombée de farine*
*3 c. à soupe d'huile d'olive*
*1 c. à café de jus de citron*

Confectionner la pâte brisée.
Mettre l'eau, les épices, le sucre dans une casserole, porter à ébullition, laisser refroidir. Hors du feu ajouter les petits pois (ils doivent être doux et sucrés) et les tomates cerises. Les pocher dans le jus (l'eau ne doit pas bouillir). Les réserver une fois cuits. Enlever la peau des tomates cerises.
Réduire le jus de cuisson de moitié, le lier avec farine et huile. À froid ajouter les physalis, mixer. Réserver.
Mettre la pâte dans les moules, cuire à blanc pendant 20 à 25 minutes. Après refroidissement, garnir avec la crème, disposer des petits pois et des tomates dont la peau aura été enlevée. Au milieu, dresser une fleur de capucine. Déguster sans attendre.

**Tarte Tatin**

*1 pâte brisée*
*4 c. à soupe bombées de sucre roux*
*6 c. à soupe d'huile d'olive*
*600 g de pommes*

Confectionner la pâte brisée.
Dans une poêle allant au four ou dans un moule à tarte, mettre l'huile d'olive, ajouter le sucre, cuire jusqu'à la couleur du caramel blond.
Laver les pommes, les éplucher, les épépiner, les couper en deux puis en quartiers. Disposer les pommes dans la poêle en les serrant bien. Étaler la pâte, recouvrir les pommes, cuire au four à 180 °C pendant 20 à 30 minutes.

## Tartelettes aux poires

*1 pâte brisée*
*400 g de poires*
***Crème d'amande***
*70 g de poudre d'amande*
*1 œuf*
*1 c. à soupe bombée de sucre*
*30 g de margarine non hydrogénée*
*3 cl de lait de riz*
*1 c. à soupe de farine*

Confectionner la pâte brisée.
Éplucher et épépiner les poires, les couper en deux, les cuire à la vapeur 15 à 20 minutes. Les réserver. On peut utiliser des poires en conserve.
Ramollir la margarine à consistance d'une pommade, la mélanger au lait de riz, ajouter l'œuf, la poudre d'amande, le sucre, la farine. Battre le mélange au fouet électrique jusqu'à la consistance d'une crème ou mélanger les éléments cités ci-dessus au fouet à main.
Mettre la pâte dans les moules, garnir avec la crème d'amande, déposer une demi-poire sur la crème, cuire à 180 °C pendant 25 à 30 minutes. On peut aussi faire une seule tarte.

## Tarte au riz soufflé

*1 pâte brisée*
*60 g de riz blanc*
*2 jaunes d'œuf*
*25 cl de lait d'avoine*
*2 c. à soupe bombées de sucre roux*
*2 blancs d'œuf, sel*

***Compote de pommes***
*400 g de pommes*
*1 c. à café de sucre roux*
*zestes d'orange et de citron*
*vanille*
*cannelle*

Confectionner la pâte brisée.
Laver, couper les pommes en dés sans les éplucher, enlever les pépins. Les cuire avec les zestes d'orange et de citron, la cannelle, la vanille, le sucre et un peu d'eau. Cuire jusqu'à l'obtention d'une compote.

Mettre le riz dans l'eau, porter à ébullition, l'égoutter, le mettre à cuire au four dans le lait d'avoine bouillant pendant 25 à 30 minutes à 180 °C. Dès la sortie du four, incorporer les jaunes. Ajouter les blancs d'œuf en neige quand le mélange est presque froid.
Mettre la pâte dans un moule à tarte, la cuire avec un papier sulfurisé garni de haricots 15 à 18 minutes. Garnir le fond avec la compote et ajouter le riz. Cuire à four doux pendant 35 à 40 minutes. C'est une tarte moelleuse et concentrée en goût.

## Tarte meringuée aux fruits de saison

*1 pâte brisée*
*300 g de pommes*
*300 g de poires cuites*
*300 g d'oranges*
***Sirop à l'orange***
*15 cl de jus de poires*
*15 cl de jus d'orange*
*4 c. à soupe bombées de sucre roux*
*3 blancs d'œuf*
*80 g de poudre d'amande*

Confectionner la pâte brisée.
Cuire le jus de poire et le sucre avec le jus des oranges à 118 °C qui auront été pressées. Monter les blancs d'œuf en neige, ajouter le sirop, battre jusqu'à complet refroidissement. Mélanger délicatement la poudre d'amande.
Foncer la pâte dans un moule à tarte, y mettre les pommes et les poires en quartiers, cuire 15 minutes à 180 °C. Masquer les fruits avec la meringue. Cuire 10 à 15 minutes. On peut utiliser des poires en conserve et récupérer une partie du sirop.

## Gâteaux et biscuits secs

### Fondant au chocolat

*250 g de chocolat noir*
*20 cl de lait d'avoine*
*3 blancs d'œuf*
*2 c. à soupe bombées de sucre roux*

Faire bouillir le lait d'avoine, le verser sur le chocolat concassé, bien mélanger au fouet.
Monter les blancs d'œuf en neige ferme, les fouetter vigoureusement avec le sucre, les incorporer délicatement au chocolat. Mouler en ramequins ou dans un cercle.
Démouler les cercles sur assiette ou manger le fondant dans les ramequins, y adjoindre une sauce à l'orange, une crème anglaise, un coulis de poires, etc.

### Bavarois au chocolat

*160 g de chocolat noir*
*2 blancs d'œuf*
***Crème anglaise***
*25 cl de lait de riz*
*2 jaunes d'œuf*
*2 c à soupe bombées de sucre*
*1 gousse de vanille*
*1 g d'agar-agar*

Faire bouillir le lait de riz à feu doux avec l'agar-agar pendant 4 à 5 minutes, le verser sur les jaunes mélangés à la moitié du sucre. Remettre le mélange dans la casserole, cuire jusqu'à une consistance nappante, la crème doit napper la cuillère. Refroidir.
Mélanger le chocolat fondu au bain-marie à la crème anglaise refroidie mais non prise, ajouter délicatement les blancs d'œuf montés en neige.
Mouler dans des cercles ou des ramequins. Faire prendre au froid pendant au moins 3 heures.

Démouler les bavarois sur une assiette si vous avez utilisé des cercles sinon manger le bavarois dans les ramequins, ajouter de la crème anglaise, des segments d'orange, des feuilles de menthe, etc.
On peut utiliser 2 à 3 grammes d'agar-agar, mais le bavarois est beaucoup moins moelleux et perd de son onctuosité.

### Gâteau au chocolat

*Pour 8 personnes*
*180 g de chocolat noir*
*4 c. à soupe bombées de sucre roux*
*5 jaunes d'œuf*
*5 blancs d'œuf*
*70 g de farine*
*4 c. à soupe d'huile d'olive*
*sel*

Dans un saladier mélanger la farine, les trois quarts du sucre et les jaunes. Faire fondre le chocolat au bain-marie, y ajouter les trois quarts de l'huile. Le reste de l'huile servira à huiler le moule de cuisson. Mélanger délicatement le premier mélange avec le deuxième.
Monter les blancs d'œuf en neige très ferme en ajoutant au départ une pincée de sel puis à la fin le sucre restant. Mélanger délicatement le tout. Cuire 30 minutes au four à 180 °C dans un moule huilé.
C'est un gâteau fondant au fort parfum de chocolat qui peut très bien se manger le lendemain.

### Gâteau aux poires ou aux pommes

*100 g de farine de type 65*
*5 c. à soupe d'huile d'olive*
*3 c. à soupe bombées de sucre roux*
*500 g de poires Williams pas trop mûres*
*sel*
*20 cl de lait d'avoine*
*2 œufs*

Mélanger la farine, le sucre et le sel, faire une fontaine. Au centre, mettre les œufs battus, les incorporer délicatement à la farine en ajoutant progressivement le lait d'avoine et les trois quarts de l'huile.

Huiler un moule et le fariner légèrement.
Éplucher, épépiner et émincer les poires, en garnir le fond du moule. Recouvrir du mélange. Cuire à 200 °C pendant 20 à 30 minutes environ. C'est un gâteau qui plaît beaucoup aux enfants.

### Macarons aux noix et aux amandes

*3 blancs d'œuf*
*60 g de sucre roux*
*80 g d'amandes en poudre*
*20 g de noix en poudre*
*1 pincée de sel*

Monter les blancs d'œuf en neige, finir avec le sucre. Incorporer délicatement la poudre d'amande et de noix. Dresser de petites boules sur un papier de cuisson. Cuire 10 minutes au four à 180 °C. On peut ajouter une crème aux fruits, une ganache chocolat et coller deux à deux les macarons.

### Rochers à la noix de coco

*Pour 8 personnes*
*200 g de noix de coco râpée*
*5 c. à soupe de sucre*
*3 blancs d'œuf*

Mélanger les blancs, le sucre et la noix de coco.
Avec deux cuillères former le mélange en forme de rocher. Cuire au four à 200 °C pendant 12 à 15 minutes.
Vous pouvez faire huit gros rochers ou vingt-quatre petits.

## Cakes et brioches

### Brioche aux raisins et aux amandes

*300 g de farine de type 65*
*6 g de levure de boulanger*
*80 g d'amandes en poudre*

*3 c. à soupe de sucre roux*
*80 g de raisins*
*4 œufs*
*5 cl de lait d'avoine*
*5 c. à soupe d'huile d'olive*
*sel*

Tamiser la farine, ajouter les amandes. Faire deux fontaines dans la première mettre la levure tiédie et dissoute dans la moitié du lait et dans l'autre le sel, le sucre et le reste du lait. Ajouter les œufs battus, réunir les deux fontaines puis pétrir la pâte en l'allongeant pour lui donner le maximum d'élasticité. Arrêter quand la pâte ne colle plus au plan de travail. Incorporer l'huile d'olive et les raisins en travaillant pendant quelques minutes. Mettre la pâte en boule, placer dans un saladier fariné et laisser gonfler la pâte dans un endroit tempéré (25 à 30 °C) jusqu'à ce qu'elle ait doublé de volume. La rabattre et la laisser reposer au froid quelques heures. Déposer la brioche dans un moule, donner la deuxième pousse comme la première, cuire au four 30 minutes à 200 °C.

### Cake au chocolat

*150 g de farine de type 65*
*3 jaunes d'œuf*
*4 blancs d'œuf*
*60 g de cacao*
*3 c. à soupe bombées de sucre roux*
*10 cl de lait de riz*
*10 g (1 paquet) de levure chimique*
*huile, sel*

Mettre farine, levure, sucre dans un saladier. Mélanger les jaunes et le lait. Les incorporer à la farine. Y adjoindre le cacao. Ajouter les blancs montés en neige ferme avec le sel au départ. Mettre dans un moule huilé. Cuire au four 30 à 35 minutes à 180 °C.
Ce cake se mange tiède ou froid. On peut remplacer la moitié du cacao par du caroube.

### Cake aux noix et noisettes

*150 g de farine de type 65*
*3 jaunes d'œuf*
*4 blancs d'œuf*
*80 g de noix*
*80 g de noisettes*
*3 c. à soupe bombées de sucre roux*
*10 cl de lait de riz*
*11 g (1 paquet) de levure chimique*
*huile d'olive*
*sel*

Mettre la farine, la levure et le sucre dans un saladier; mélanger les jaunes et le lait. Les incorporer à la farine. Séparer la pâte en deux. Adjoindre les noix dans l'une et les noisettes dans l'autre. Ajouter les blancs d'œufs montés en neige ferme avec le sel au départ. Mettre le mélange aux noix dans un moule huilé puis le mélange aux noisettes, cuire 30 à 35 minutes à 180 °C. Le cake se mange tiède ou froid.

## Crêpes, galettes et beignets

### Beignets aux pommes

*3 pommes*
***Pâte à frire***
*100 g de farine de type 80*
*15 cl d'eau*
*1 blanc d'œuf (facultatif)*
*sel fin*
*2 c. à soupe de sucre roux*
*huile pour friture*
*citron*

Mélanger la farine et l'eau progressivement pour en faire une pâte assez épaisse. Laisser reposer 2 heures minimum à température ambiante. Laver et évider les pommes, les couper en tranches régulières, les

citronner, les saupoudrer de sucre roux. Réserver au frais. Monter le blanc d'œuf en neige ferme en ajoutant au début un peu de sel fin. Le mélanger délicatement à la farine pour obtenir une pâte molle.
Enrober les tranches de pomme de pâte à frire, les plonger dans un bain de friture chaude (180 °C) mais surtout pas fumante. Les cuire environ 30 secondes sur chaque face, les égoutter sur du papier absorbant.
Les saupoudrer avec le reste de sucre et les déguster sans attendre.

### Bourses de crêpes aux pommes

*la moitié de la recette de pâte à crêpes*
*3 pommes*
*2 c. à soupe de sucre*
*1 pincée de cannelle*
*zestes d'orange et de citron*

Cuire les crêpes à la poêle et les réserver.
Laver les pommes, les couper en quartiers, enlever les pépins et les cuire avec un peu d'eau, la cannelle, les zestes d'orange et de citron jusqu'à en faire une compote.
Garnir les crêpes avec de la compote, les plier en deux, les rouler en forme de bourse, les lier avec une lanière de crêpe.

### Crêpes soufflées

*1/2 de la recette de pâte à crêpes*
*25 cl de crème pâtissière*
*1/2 kiwi*
*2 blancs d'œuf*
*2 c. à soupe de sucre roux*

Émincer le kiwi, l'incorporer à la crème. Cuire les crêpes à la poêle.
Monter les blancs d'œuf en neige très ferme en ajoutant le sucre à la fin. Les mélanger délicatement à la crème.
Garnir les crêpes avec le mélange ci-dessus, les plier en deux en forme de chausson aux pommes, les passer au four à 150 ou 160 °C pendant 10 minutes environ. Servir aussitôt.

### Crêpes fourrées à la banane et au chocolat

*la moitié de la recette de pâte à crêpes*
*2 bananes*
*50 g de chocolat noir*
*lait d'avoine*

Passer les bananes épluchées au congélateur plusieurs heures jusqu'à la congélation. Les passer dans une centrifugeuse pour en faire une purée.
Garnir l'intérieur des crêpes cuites auparavant et refroidies avec la glace à la banane. Napper de chocolat fondu au bain-marie avec une cuillère à soupe de lait d'avoine, les plier en deux. Les déguster sans attendre.

### Galettes aux pommes et aux raisins

*200 g de blé moulu ou de farine de type 80*
*50g de farine de sarrasin*
*1 grosse pomme*
*2 c. à soupe de raisins secs*
*2 c. à soupe de sucre roux*
*eau*
*huile*

Mélanger les deux farines. Ajouter le sucre, les pommes coupées en dés et les raisins secs qui auront trempé 30 minutes dans de l'eau. Ajouter l'eau de trempage des raisins pour réaliser une pâte assez épaisse. Si cela ne suffit pas rajouter de l'eau.
Graisser une poêle avec de l'huile, former des galettes épaisses, cuire 4 à 8 minutes de chaque côté selon l'épaisseur de la galette. On peut remplacer les fruits par des amandes effilées ou par des dés de tofu et des légumes de saison.
On peut aussi ajouter des légumineuses germées ou non, etc. Dans ce cas les galettes deviennent un plat complet que l'on peut servir avec une salade verte.

## Strudel aux pommes

*160 g de farine de type 65*
*4 c. à soupe d'huile d'olive*
*4 à 6 c. à soupe d'eau*
*sel*
*300 g de pommes*
*2 c. à soupe bombées de raisins*
*30 g de poudre d'amande*
*2 c. à soupe bombées de sucre roux*
*cannelle*
*gingembre*

Mélanger la farine, le sel, l'huile d'olive, faire une fontaine, ajouter l'eau, la former en boule.
Pétrir la pâte pendant 5 à 7 minutes jusqu'à la rendre élastique et brillante. Réserver au froid pendant 1 heure. Étaler la pâte le plus finement possible sur une feuille de papier sulfurisé.
Étaler régulièrement sur la pâte les pommes coupées en petits dés, les raisins, la poudre d'amande, le sucre et les épices. Rouler la pâte sur elle-même, lui donner la forme d'un croissant. Le cuire à four chaud (190 °C à 200 °C) pendant 30 minutes.

## Galettes aux noisettes et aux raisins

***Pour 8 personnes***
*350 g de farine*
*100 g de margarine non hydrogénée*
*3 c. à soupe de sucre complet ou roux*
*1 c. à soupe de raisins secs*
*6 cl de lait de riz*
*10 g de levure chimique*
*24 noisettes entières*
*cannelle*
*gingembre*
*2 œufs*

Dans un saladier, mélanger la farine avec la levure chimique. Ajouter le sucre, les épices concassées ou en poudre, y adjoindre la margarine en parcelles. Mélanger sans trop travailler, sabler la pâte entre les doigts, y mettre les noisettes coupées en deux et les raisins. Faire une fontaine, incorporer les œufs et le lait de riz, former une boule, fraiser deux fois, laisser reposer.

Partager la pâte en 8 boules environ ou 24 petites. Les étaler au rouleau, les mettre dans des moules à tartelettes ou sur la plaque du four. Cuire à four doux pendant 20 à 25 minutes.

## Puddings, flans, glaces

### Mousse au chocolat

*125 g de chocolat noir*
*25 cl de lait de riz*
*3 blancs d'œuf*
*1 g d'agar-agar*
*1 c. à soupe bombée de sucre*

Dissoudre l'agar-agar 3 à 4 minutes à feu doux dans le lait de riz. Verser le lait bouillant sur le chocolat concassé, bien mélanger. Monter les blancs d'œuf en neige ferme, à la fin ajouter le sucre, les ajouter au mélange précédent, mouler dans des ramequins. Laisser prendre au froid.

### Riz au lait

*75 g de riz semi-complet*
*50 cl de lait d'avoine*
*2 jaunes d'œuf*
*3 c. à soupe de sucre*
*2 c. à soupe de raisins secs*
*sel*
*1 gousse de vanille*
*zestes d'orange*
*zestes de citron*

Blanchir le riz en le mettant dans l'eau froide jusqu'à ébullition. L'égoutter dès ébullition. Le verser dans le lait d'avoine qui aura bouilli avec la vanille et les zestes d'orange et de citron, ajouter les raisins. Cuire au four avec un couvercle à 180 °C pendant 1 heure.

Enlever les zestes et la gousse de vanille une fois le riz cuit. Ajouter la gousse de vanille dans le sucre pour obtenir du sucre vanillé.
Dans un saladier, battre les jaunes, y verser le riz bouillant, mélanger délicatement pour ne pas casser les grains de riz et mouler en ramequins. Ce plat se mange tiède ou froid.

## Pudding de semoule à l'orange

***Pour 8 personnes***
*100 g de semoule de blé*
*80 cl de lait de riz*
*20 cl de jus d'orange*
*2 c. à soupe de sucre roux*
*zestes d'orange*
*1 c. à soupe de raisins ou de fruits confits*
***Pâte à macarons***
*3 blancs d'œuf*
*3 c. à soupe bombées de sucre*
*80 g de noisettes en poudre*
*sel*

Faire bouillir le lait de riz, le jus d'orange et le sucre. Verser en pluie la semoule avec les zestes d'orange blanchis (cuits à la vapeur ou à l'eau pendant 15 minutes), cuire quelques minutes. Hors du feu ajouter les raisins qui auront été trempés dans de l'eau, mouler en ramequins, laisser reposer et refroidir avant de démouler.
Monter les blancs d'œuf en neige ferme, ajouter le sucre à la fin, incorporer délicatement la poudre de noisette. Dresser une rosace de pâte à macarons sur la plaque du four, cuire 10 minutes au four à 180 °C. Réserver dans un endroit sec. Au moment du dressage, mettre une rosace de macarons sur la semoule, servir avec un coulis de fruits.

## Soufflé au quinoa et aux fraises

*40 g de quinoa*
*30 g de poudre de noisettes*
*3 blancs d'œuf*
*2 jaunes d'œuf*
*100 g de fraises*
*2 c. à soupe bombées de sucre roux*
*sel*

Cuire le quinoa pendant 20 minutes à feu doux dans six fois son volume d'eau. Laisser refroidir et gonfler hors du feu. Incorporer les jaunes et le sucre au quinoa refroidi, ajouter la poudre de noisettes, et les fraises bien mûres et bien égouttées, coupées en quartiers.
Monter les blancs d'œuf en neige très ferme en ajoutant au départ une pincée de sel.
Mélanger délicatement les blancs avec le quinoa, mouler le soufflé dans des moules individuels huilés ou dans un seul moule, les emplir jusqu'à ras bord. Démarrer la cuisson au bain-marie quelques minutes sur le feu puis cuire au four à 200 °C pendant 20 à 25 minutes.
Déguster aussitôt, le soufflé retombe vite.

## Far aux pruneaux

*125 g de farine de type 65*
*4 œufs*
*3 c. à soupe de sucre*
*75 cl de lait d'avoine*
*10 gros pruneaux*
*huile d'olive*
*sel*

Dans un saladier, mettre la farine, le sucre. Faire une fontaine au milieu, y adjoindre les œufs battus et les mélanger progressivement avec la farine, ajouter le lait d'avoine en plusieurs fois, puis les pruneaux.
Cuire au four dans un moule graissé avec de l'huile d'olive à 200 °C pendant 1 heure 15 à 1 heure 20. Le far est cuit quand la lame d'un couteau ressort lisse. On peut le manger tiède ou froid.

## Sorbet à la pomme et sa galette

*Sorbet*
*500 g de pommes*
*2 c. à soupe d'huile d'olive*
*zestes d'orange et de citron*
*cannelle*
*4 c. soupe bombées de sucre roux*
*5 c. soupe de cidre non pasteurisé*
*serpolet ou romarin*
***Galette aux pommes***
*75 g de farine de type 65*
*5 cl de jus de pomme*
*1 blanc d'œuf*
*eau*
*huile d'olive*
*1/2 pomme*

Cuire doucement les pommes épluchées, épépinées et coupées en dés à l'huile d'olive avec un bouquet garni composé de zestes d'orange et de citron, et de cannelle ou les passer à la centrifugeuse et utiliser le jus pour faire le sirop.
Pour confectionner le sirop, faire bouillir le cidre et le sucre avec les herbes. Laisser infuser et refroidir, puis passer à la passoire.
Passer les pommes cuites refroidies au mixeur avec le sirop.
Mettre le mélange dans la sorbetière, laisser le sorbet prendre jusqu'à consistance ferme (15 minutes environ). Réserver au congélateur.
On peut aussi le faire prendre au congélateur.
Préparer la galette. Faire une fontaine au centre de la farine, y mettre le jus de pomme. Mélanger le blanc d'œuf délicatement à la farine, ajouter petit à petit l'eau pour en faire une pâte assez épaisse. Y mettre des dés de pomme coupés très finement.
Cuire quelques minutes de petites galettes à la poêle.
Au centre de l'assiette déposer une galette tiède, garnir d'une boule de sorbet. Décors : menthe, serpolet, etc.

### Glace à la vanille

*500 g de lait de riz*
*5 jaunes d'œuf*
*4 c. à soupe de sucre roux*
*1 gousse de vanille*

Mélanger les jaunes et le sucre avec un fouet. Verser progressivement sur les jaunes en mélangeant le lait qu'on aura fait bouillir avec la gousse de vanille. Mettre la crème dans la casserole et cuire à feu doux en remuant sans arrêt jusqu'à ce que la crème nappe la cuillère. La passer à la passoire fine et la refroidir rapidement.
Verser la crème anglaise refroidie dans la sorbetière et la faire prendre jusqu'à la consistance d'une crème (15 minutes). La placer dans un récipient que l'on ferme et le mettre au congélateur.

## Desserts de fruits

### Mousse de fraises

*300 g de fraises*
*1 cuillère à café de jus de citron*

***Crème pâtissière***
*30 cl de lait d'avoine*
*2 jaunes d'œuf*
*1 c. à soupe bombée de farine de type 65*
*3 c. à soupe bombées sucre*
*1 kiwi*
*2 g d'agar-agar*

Dissoudre l'agar-agar à feu doux dans le lait pendant 5 minutes. Le verser bouillant sur le mélange jaunes, sucre et farine qui aura été battu au fouet. Remettre la préparation dans la casserole, porter à ébullition et cuire 2 à 3 minutes. Refroidir.
Éplucher le kiwi, le mixer, l'incorporer à la crème pâtissière froide.
Mixer les fraises pour en faire une purée, ajouter le jus de citron, mélanger avec la crème. Mouler dans des cercles ou des ramequins.

Laisser prendre au froid 3 heures minimum. Démouler les cercles sur des assiettes avec du coulis de fruits autour.

## Mousse aux fruits

*1/2 citron*
*2 pommes*
*2 bananes*
*2 poires*
*2 g d'agar-agar*
*3 c. à soupe bombées de sucre roux*
*2 c. à soupe d'huile d'olive*
*cannelle, gingembre*

Éplucher les pommes et les couper en gros dés. Couper les bananes en tranches.
Faites sauter les pommes à l'huile d'olive pendant 10 minutes, avec un peu d'eau et une cuillère à soupe de sucre, de la cannelle et du gingembre.
Les réserver. À feu doux, cuire les rondelles de banane dans la même casserole durant 3 minutes. Réserver au froid. Cuire les poires épluchées et coupées en deux à la vapeur ou dans 30 cl d'eau et 60 g de sucre qu'on aura fait bouillir.
Ajouter l'agar-agar au tiers du jus de cuisson des poires ou à de l'eau et faire cuire 4 à 5 minutes. Passer à la passoire fine. Mélanger soigneusement le sirop aux pommes et à la banane mixées auparavant.
Mouler dans un cercle ou un ramequin. Émincer une demi-poire, la faire colorer au grill avec un peu de sucre roux, former une rosace sur le dessus du moule, réserver au froid. Lier le reste du jus de cuisson des poires pour réaliser la sauce.
Démouler la mousse aux fruits au centre d'une assiette si vous disposez d'un cercle sinon la manger dans le ramequin. On peut y ajouter un coulis de fruits, des feuilles de menthe et des biscuits.

## Mousse de framboises au lait de soja

*400 g de framboises*
*3 c. à soupe de sucre roux*
*10 cl de lait de soja*
*1/2 c. à café de jus de citron*

Passer les framboises au mixeur puis à la passoire fine pour enlever les graines, ajouter le jus de citron, le sucre, mixer quelques secondes. Ajouter le lait de soja et mixer. Garnir des ramequins avec la mousse et laisser reposer au réfrigérateur 2 heures minimum.

## Sorbet aux fraises

*300 g de fraises*
*20 cl d'eau*
*4 c. à soupe bombées de sucre*
*1 c. à café de jus de citron*

Porter à ébullition l'eau, le sucre, le jus de citron ; écumer et refroidir. Laver, équeuter et égoutter les fraises. Les passer au tamis ou au mixeur, ajouter le sirop refroidi. Mettre le mélange dans la sorbetière, la faire tourner jusqu'à ce qu'il prenne consistance (15 minutes). Le consommer tout de suite ou le mettre au congélateur dans un récipient fermé.
On peut aussi le faire prendre au congélateur.

## Poires au vin

*400 g de poires*
*zestes de citron*
*zestes d'orange*
*50 cl de vin*
*1 c. à soupe bombée de sucre*
*1 c. à soupe de miel*
*1 pincée de cannelle*
*1 clou de girofle*
*6 grains de poivre noir*
*6 grains de coriandre*

Faire bouillir le vin, le miel, et le sucre ; ajouter les épices et les zestes d'orange et de citron ainsi que la pincée de cannelle. Cuire à feu doux pendant 10 minutes.
Éplucher les poires, les citronner et les cuire à feu doux 20 à 30 minutes selon la maturité des fruits. Réserver les poires. Faire réduire le sirop de moitié, le faire refroidir et le réserver au froid. Servir les poires avec le sirop.
Couper les poires cuites en deux, les farcir avec un soufflé à base de compote de poires, sirop de vin réduit et blancs en neige. Les passer à four chaud 10 à 15 minutes. On peut les servir avec le sirop et un sorbet à la poire.

### Papillotes de fruits

*300 g d'oranges*
*300 g de pommes*
*300 g de poires*
*1 banane*
*2 c. à soupe d'huile d'olive*
*cannelle*
*4 dés de gingembre frais*
*4 grains d'anis étoilé*
*1 citron*
*1 c. à soupe de miel d'acacia*

Peler les oranges à vif, enlever les segments sans laisser de peau. Réserver le jus. Émincer finement les poires, la banane et les pommes, et les citronner. Passer l'huile d'olive, le miel et la cannelle au mixeur, ajouter l'anis étoilé et le gingembre (ne pas mixer).
Déposer les fruits sur le papier sulfurisé huilé sauf les segments d'oranges, napper avec la crème au miel. Refermer hermétiquement le papier sulfurisé en ourlant les bords. Cuire à four chaud 10 à 15 minutes ou à four doux 20 minutes.
Entrouvrir les papillotes, réserver le jus et le réduire avec le jus des oranges (5 minutes). Sortir les fruits des papillotes, dresser sur assiette, ajouter les segments d'oranges et napper avec le jus.

## Aumônières aux fruits

*8 feuilles de brik*
*300 g de pommes*
*300 g de poires*
*25 cl de jus d'oranges*
*2 c. à soupe bombées de sucre roux*
*2 bananes*
*1 pincée de cannelle*
*1 citron*
*1 c. à soupe de miel*

Faire bouillir le jus d'oranges avec le sucre et le miel, ajouter la cannelle. Réduire de moitié. Émincer les pommes, les poires (citronnées) et les bananes, hors du feu. Mettre les fruits à confire 10 minutes dans la sauce. Placer les fruits dans une passoire pour les égoutter.
Mettre deux feuilles de brik dans un ramequin huilé, après l'avoir badigeonné avec un peu de sauce à l'orange, passer à four chaud jusqu'à coloration. Démouler les feuilles de brik.
Déposer l'aumônière au centre d'une assiette. Disposer les fruits à l'intérieur, cordon de sauce autour. On peut y ajouter des tranches de pommes glacées au four.

## Gratin de fruits

***Pour 4 personnes***
*500 g de fruits de saison (pommes, poires, bananes ou fraises, framboises, cerises)*
*4 jaunes d'œuf*
*50 g de poudre d'amande*
*3 c. à soupe bombées de sucre roux*
*20 cl de jus de fruit*
*2 c. à soupe de vin de muscat*

Laver et couper les fruits en tranches fines. Ils doivent être bien mûrs, sinon il est préférable de cuire les pommes et les poires à la vapeur ou dans un sirop. Les dresser sur une assiette ou dans un ramequin.

Réunir les jaunes dans une casserole avec le sucre, un peu de jus de fruit, la poudre d'amande et le muscat. Émulsionner à feu très doux en battant le mélange au fouet. Le sabayon est prêt lorsque chaque coup de fouet découvre le fond de la casserole. Les jaunes ne doivent surtout pas cuire. Ajouter le reste du jus de fruit au fouet.

Napper les fruits avec le sabayon, passer à four très chaud jusqu'à coloration.

On peut servir ce plat avec des macarons.

# Liste alphabétique des recettes

# Pour en savoir plus

# Bibliographie

## Côté bibliothèque


ARNOT Robert, *Comment réduire les risques de cancer du sein par l'alimentation*, Éd. First.
AUBERT Claude, *Les Aliments fermentés traditionnels*, Éd. Terre vivante, 1985.
AUBERT Claude, *L'Assiette aux céréales*, Éd. Terre vivante, 1983.
CURTAY Jean-Paul, Dr, *La Nutrithérapie*, Éd. Boiron, 1995.
CURTAY Jean-Paul, Dr, *Le Programme de longue vie*, Éd. Le Seuil, 1999.
CUSIN Jacques Pascal, *Santé et vitalité par l'alimentation vivante : une révolution diététique*, Éd. Albin-Michel, 1996.
DITTRICH Kathi, LEITZMANN Claus, *Ces aliments qui nous protègent*, Éd. Terre Vivante, 1999.
DUFTY William, *Le Roman noir du sucre blanc* (*Sugar blues*), Éd. Guy Trédaniel, 1975.
FRADIN Jacques, Dr, *Alimentation hypotoxique*, Institut de médecine environnementale, 1990.
HAGIAGE Muriel, Dr, *La Flore intestinale de l'équilibre au déséquilibre*, Éd. Vigot, 1994.
KOUSMINE C., Dr, *Soyez bien dans votre assiette jusqu'à quatre-vingts ans et plus*, Éd. Sand, 1980.
LE BERRE Nicolas, Dr, *Le Lait, une sacrée vacherie ?*, Éd. Équilibre Aujourd'hui, 1991.
LE GOFF Lylian, Dr, *Nourrir la Vie*, Éd. Roger Jollois, 1997.
MÉRIEN Désiré, *Compatibilités alimentaires*, Éd. Nature et Vie, 1986.
MORRISON Judith, *Le livre de l'Ayurveda*, Éd. Le Courrier du livre, 1995.
NOGIER Raphaël, *Ce lait qui menace les femmes*, Éd. du Rocher, 1993.
NOGIER Raphaël, *Des allergies cachées aux maladies du sein*, Éd. Sauramps médical, 1993.
ODENT Michel, Dr, *Les Acides gras essentiels*, Éd. Jacques Ligier, 1990.

SEIGNALET Jean, Dr, *L'Alimentation ou la Troisième Médecine*, Éd. Fr. Xavier de Guibert.
VANNIER Léon, Dr, *La Typologie et ses applications thérapeutiques*, Éd. Doin, 1965.

## Côté cuisine

AUBERT Claude, *La Cuisine à quat'sous*, Éd. Terre vivante, 1997.
AUBERT Claude, *Les Aliments fermentés traditionnels*, Éd. Terre vivante, 1985.
AUBERT Claude, *L'Assiette aux céréales*, Éd. Terre vivante, 1983.
AUBERT Emmanuelle, *Les Neuf Grains d'or dans la cuisine*, Éd. Le Courrier du livre, 1983.
BELOU Claude, *Les Délices du potager*, Éd. Vie et Santé, 1995.
CAZALS Diana et Gérard, *Manger bien, manger sain*, Éd. Hachette/Cil, 1991.
CLEMENT Brian et DIGEROMINO Theresa, *Alimentation vivante pour une santé optimale*, Éd. Trustar, 1997.
CLERGEAUD Chantal et Lionel, *Les Graines germées*, Éd. Cheminements.
CLERGEAUD Chantal et Lionel, *Recettes autour du monde*, Éd. Cheminements.
CLERGEAUD Chantal et Lionel, *L'Alimentation naturelle du nourrisson de 0 à 2 ans*, Éd. Cheminements.
DE BARDO Ludmillla, *Vitalité et graines germées*, Éd. Ludmilla de Bardo, 1998.
FICHAUX Brigitte, *La Nouvelle Cuisine familiale*, Éd. GabriAndre.
GAUTHEY-URWYLER Jacqueline, *Manger sainement pour bien se porter*, Delachaux et Niestlé, 1984.
LEFORT Danièle, *Alimentation hypotoxique, Recettes*, Institut de médecine environnementale, 1989.
MARARINOS-REY Hélène *Cuisinons avec les algues*, Éd. Cheminements.
OSHAWA Lima, *Le livre de la cuisine macrobiotique*, Éd. Guy Trédaniel, 1987.
RAZAFIMBELO Rose, Dr, *La nouvelle façon de se nourrir*, Éd. Josette Lyon, 1997.

# Côté Web

## Références scientifiques consultables sur le Web [medline]


### Le lait dans la nature

Br J Ophthalmol 1995 Jul ; 79 (7) : 709
« High prevalence of lactose absorbers in patients with presenile cataract from northern Sardinia »
MELONI G., OGANA A.,...

Environ Health Perspect 1994 Apr ; 102 (4) : 380-3
« The pesticides endosulfan, toxaphene, and dieldrin have estrogenic effects on human estrogen-sensitive cells »
SOTO A.M., CHUNG K.L.,...

Arch Environ Contam Toxicol 1998 Apr ; 34 (3) : 306-10
« Effects of xenoestrogenic enviromental pollutants on the profeliration of a human breast cancer cell line (MCF-7) »
BLOM A., EKMAN E.,...

Cancer Res 1996 Dec 1 ; 56 (23) : 5403-9
« Novel estrogenic action of the pesticide residue beta-hexachlorocyclohexane in human breast cancer cells »
STEINMETZ R., YOUNG P.C.,...

Sci Total Environ 1997 Dec 3 ; 208 (1-2) : 127-32
« Organochlorine pesticide residues in cow's milk and butter in Mexico »
WALISZEWSKI S.M., PARDIO V.T.,...

« Cytokines, chemokines, and colony-stimulating factors in human milk : the 1997 update »
GAROFALO R.P., GOLDMAN A.S.

Endocrinol Exp 1986 Aug ; 20 (2-3) : 189-98
« Epidermal growth factor in human milk and effects of systemic EGF injection on intestinal calcium transport in suckling rats »
GREENE H.L., MOORE M.C.,...

Nutrition 1998 Oct ; 14 (10) : 748-51
« Perinatal and infant nutrition. Nucleotides »
COSGROVE M.

Arch Pediatr 1998 Mar ; 5 (3) : 298-306
« Bioactive factors in milk »
BUTS J.P.

J Pediatr Child Health 1997 Aug ; 33 (4) : 281-6
« Human milk oligosaccharides : only the breast »
MCVEAGH P., MILLER J.B.

J Hum Lact 1995 Mar ; 11 (1) 39-45
« Mother's milk : a medium for early flavor experiences »
MENNELLA J.A.

Monatsschr Kinderheilkd 1993 Dec ; 141 (12) : 946-50
« Sialic acid in breast milk and infant formula food »
HEINE W., WUTZKE K.D., RADKE M.

Curr Med Chem 1999 Feb ; 6 (2) : 117-27
« Human milk glycoconjugates that inhibit pathogens »
NEWBURG D.S.

Biochem Biophys Res Commun 1997 Nov 26; 240 (3): 742-7
« Leptin is present in human milk and is related to maternal plasma leptin concentration and adiposity »
HOUSEKNECHT K.L., MCGUIRE M.K.,...

J Nutr 1991 Mar; 121 (3): 277-83
« The importance of alpha-lactalbumin in infant nutrition »
HEINE W.E., KLEIN P.D., REEDS P.J.

Biol Neonate 1998; 74 (2): 143-62
« Glycoproteins of the human milk fat globule in the protection of the breast-fed infant against infections »
PETERSON J.A., PATTON S., HAMOSH M.

Pediatr Res 1999 Sep; 46 (3): 263-8
« Why is erythropoietin present in human milk? Studies of erythropoietin receptors on enterocytes of human and rat neonates »
JUUL S.E., JOYCE AE.,...

Pediatr Res 1999 May; 45 (5 Pt 1): 652-7
« Vascular endothelial growth factor (VEGF) is present in human breast milk and its receptor is present on intestinal epithelial cells »
SIAFAKAS C.G., ANATOLITOU F.,...

J Allergy Clin Immunol 1998 Oct; 102 (4 Pt 1): 671-8
« Exposure to cow's milk during the first 3 months of life is associated with increased of IgG subclass antibodies to beta-lactoglobulin to 8 years »
JENMALM M.C., BJORKSTEN B.

Am J Clin Nutr 1998 Dec; 69 (6 Suppl): 1453S-1461S
« Isoflavone content of infant formulas and the metabolic fate of these phytoestrogens in early life »
SETCHELL K.D., ZIMMER-NECHEMIAS L.,...

**Calcium, squelette, ostéoporose**

Rev Rhum Mal Osteoartic 1979 Jul-Sep; 46 (7-9): 483-6
« Silicon, bonetissue and immunity »
SCHIANO A., EISINGER F.,...

Nutr Rev 1999 Jun; 57 (6): 192-5
« Excess retinol intake may explain the high incidence of osteoporosis in northern Europe »
WHITING S.J., LEMKE B.

Bone 1998 Oct; 23 (4): 379-82
« Bone loss in Great Britain and Japan: a comparative longitudinal study »
DENNISON E., YOSHIMURA N.,...

Clin Ther 1998 Sep-Oct; 20 (5): 933-44
« Evidence that increased calcium intake does not prevent early postmenopausal bone loss »
HOSKING D.J., ROSS P.D.,...

Aging (Milano) 1998 Oct; 10 (5): 385-94
« Calcium, gamma-linolenic acid and eicosapentaenoic acid supplementation in senile osteoporosis »
KRUGER M.C., COETZER H.

Br J Biomed Sci 1994 Sep; 51 (3): 22-40
« The role of nutrition in osteoporosis »
BUNKER V.W.

Nutr Rev 1998 Apr; 56 (4 Pt 1): 124-7
« Calcium requirements of breast-feeding mothers »
PRENTICE A.

Am J Clin Nutr 1995 Jul; 62 (1): 58-67
« Calcium requirements of lactating Gambian mothers: effects of a calcium supplement on breast-milk calcium concentration, maternal bone mineral content, and urinary calcium excretion »
PRENTICE A., JARJOU L.M.,...

J Bone Miner Res 1995 Jul; 10 (7): 1068-75
« The effects of calcium supplementation (milk powder or tablets) and exercise on bone density in postmenopausal women »
PRINCE R., DEVINE A.,...

BMJ 1998 Jun 6; 316 (7146): 1747; discussion 1747-8
« Milk intake and bone mineral acquisition in adolescent girls. Adding milk to adolescent diet may not be best means of preventing osteoporosis »
APPLEBY P.

Am J Clin Nutr 1995 Dec; 62 (6): 1239-44
« Calcium bioavailability from a calcium- and sulfate-rich mineral water, compared with milk, in young adult women »
COUZY F., KASTENMAYER P.,...

J Nutr Sci Vitaminol (Tokyo) 1998 Apr; 44 (2): 257-68
« The effect of soybean protein on bone loss in a rat model of postmenopausal osteoporosis »
HARRISSON E., ADJEI A.,...

Eur J Clin Nutr 1997 Jun; 51 (6): 375-80
« Effect of soluble or partly soluble dietary fibres supplementation on absorption and balance of calcium, magnesium, iron and zinc in healthy young men »
COUDRAY C., RAYSSIGNUIER Y.,...

Am J Epidemiol 1997 Jan15; 145 (2): 117-23
« Dietary factors and the incidence of hip fracture in middle-aged Norwegians. A prospective study »
MEYER H.E., TVERDAL A.,...

Rev Invest Clin 1998 May-Jun; 50 (3): 185-9
« Acute effects of soft drink intake on calcium and phosphate metabolism in immature and adult rats »
AMATO D., PANIAGUA R.,...

J Nutr 1998 Oct128 (10): 1815-8
« True calcium absorption in the intestine is enhanced by fructooligosaccharide feeding in rats »
MOROHASHI T., YAMADA S,...

Acta Paediatr Scand Suppl 1997; 373: 58-65
« Bones for the future »
BOYLE I.T.

J Intern Med 1992 Feb; 231 (2): 181-6
« Effect of calcium intake vs. other life-style factors on bone mass »
TOSS G.

Eur J Clin Nutr 1992 May; 46 (5): 317-27
« Calcium and iron absorption: mechanism of action and nutritional importance »
HALLBERG L., GLEERUP A.,...

Osteoporos Int 1999 Aug; 10 (2): 137-142
« Calcium bioavailability and parathyroid hormone acute changes after oral intake of diary products in healthy volunteers »
TALBOT J.R., ZANCHETTA J.R.,...

J Nutr 1981 Dec; 111 (12): 2081-6
« Bread (white and whole wheat) and nonfat dry milk as sources of bioavailable calcium for rats »
RANHOTRA G..S., WINTERRINGER G.L.,...

Am J Clin Nutr 1990 Apr; 51 (4): 656-7
« Calcium absorption from kale »
HEANEY R.P., WEAVER C.M.

J Nutr 1992 Jan; 122 (1): 137-44
« Bone composition and histology of young growing rats fed diets of varied calcium bioavalability: spinach, nonfat dry milk, or calcium carbonate added to casein »
PETERSON C.A., EURELL J.A., ERDMAN J.W. Jr.

Proc Soc Exp Biol Med 1992 Jun; 200 (2): 157-60
« Calcium bioavailability and its relation to osteoporosis »
WEAVER C.M.

Nahrung 1994; 38 (2): 199-203
« Availability of calcium from kilkeerai (Amaranthus tricolor) and drumstick (Moringa oleifera) reens in weanling rats »
PANKAJA N., PRAKASH J.

Am J Clin Nutr 1996 Mar; 63 (3): 354-7
« Bioavailability of calcium supplements and the effect of vitamin D: comparisons between milk, calcium carbonate, and calcium carbonate plus vitamin D »
MORTENSEN L., CHARLES P.

**Le lait et les cancers**

*European Journal of Endocrinology*
« Short communication: Effect of acute and chronic administration of tamoxifen on GH response to GH-releasing hormone and on IGF-1 serum levels in women with breast cancer »
CORSELLO Salvatore M., ROTA Carlo A....

J Steroid Biochem Mol Biol 1990 Dec 20; 37 (6): 805-9
« Regulation of breast cancer growth by insulin-like growth factors »
OSBORNE C.K., CLEMMONS DR, ARTEAGA C.L.

Prog Clin Biol Res 1996; 394: 41-56
« Influence of diet on tumors of hormonal tissues »
RAO G.N.

Ann Endocrinol (Paris) 1997 ; 58 (5) : 370-80
« Growth factors and prostatic tumors »
CUSSENOT O.

Med Hypotheses 1997 Jun ; 48 (6) : 453-61
« Dairy products and breast cancer : the IGF-1, estrogen, and bGH hypothesis »
OUTWATER J.L., NICHOLSON A., BARNARD N.

Cancer Detect Prev 1994 ; 18 (6) : 415-20
« Comparative effects of milk, yogurt, butter, and margarine on mammary tumorigenesis induced by 7,12-dymethylbenz (a) antharacene in rats »
YANAGI S., YAMASHITA M.,...

Environ Health Perspect 1998 Dec ; 106 (12) : 807-12
« The inhibition of the estrogenic effects of pesticides and environmental chemicals by curcumin and isoflavonoids »
VERMA S.P., GOLDIN B.R., LIN P.S.

Altern Med Rev 1999 Jun ; 4 (3) : 162-9
« An ecologic study of dietary links to prostate cancer »
GRANT W.B.

Cancer Causes Control 1998 Dec ; 9 (6) : 55-66
« Dairy products, calcium, phosphorous, vitamin D, and risk of prostate cancer »
CHAN J.M., GIOVANNUCCI E.,...

Eur Urol 1999 ; 35 (5-6) : 443-55
« Certain aspects of molecular endocrinology that relate to the influence of dietary factors on the pathogenesis of prostate cancer »
GRIFFITHS K., MORTON M.S., DENIS L.

J Nutr 1995 Mar ; 125 (3 Suppl) : 698S-708S
« Soy and experimental cancer : animal studies »
HAWRYLEWICZ E.J., ZAPATA J.J., BLAIR W.H.

Cancer Causes Control 1998 Dec ; 9 (6) : 553-7
« Does high soy milk intake reduce prostate cancer incidence ? The Adventist Health Study »
JACOBSEN B.K., KNUTSEN S.F., FRASER G.E.

Baillieres Clin Endocrinol Metab 1998 Dec ; 12 (4) : 625-47
« Phytoestrogens and diseases of the prostate gland »
GRIFFITHS K., DENIS L.,...

Eur Urol 1999 ; 35 (5-6) : 377-87
« Diet and its preventive role in prostatic disease »
DENIS L., MORTON M.S., GRIFFITHS K.

J Nutr Cancer Inst 1999 Jan 20 ; 91 (2) : 176-81
« Influence of dietary calcium and vitamine D on diet-induced epithelial cell hyperproliferation in mice »
XUE L., LIPKIN M.,...

J Urol 1991 Nov ; 146 (5) : 1408-12
« The growth of MAT-LyLu rat prostatic adenocarcinoma can be prevent *in vivo* by polyamine deprivation »
MOULINOUX J.P., QUEMENEUR V.,...

Anticancer Res 1998 Jul-Aug 18 (4A) : 2663-8
« The gastrointestinal polyamine source depletion enhances DFMO induced polyamine depletion inMCF-7 human breast cancer cells *in vivo* »
LEVÊQUE J., BURTIN F.,...

Anticancer Res 1989 Jan-Feb ; 9 (1) : 215-23
« The gastrointestinal tract as polyamine source for tumor growth »
SARHAN S., KNODGEN B., SEILER N.

Reprod Nutr Dev 1999 Mar-Apr ; 39 (2) : 213-21
« Effects of soy protein diet on digestive lumenal polyamines and colonic cell proliferation in pigs »
BENAMOUZIG R., TOME D.,...

Carcinogenesis 1996 ; 17 (6) : 1373-6
« Flaxseed and its lignan and oil components reduce mammary tumor growth at a late stage of carcinogenesis »
THOMPSON L.U., SEIDL M.M.,...

The Prostate35 : 117-124
« Epidermal growth factor induces cyclin D1 in a human prostate cell line »
PERRY Jaime E., GROSSMANN MICHAEL E., TINDALL Donald J.

Br J of Cancer 1997 ; 76 (9) : 1115-18
« Insulin-like growth factor 1 in relation to prostate cancer and benign prostatic hyperplasia »
MANTZOROS C.S.,...

Cancer 1986 Dec 1 ; 58 (11) : 2363-71
« International comparisons of mortality rates for cancer of breast, ovary, prostate, and colon, and per capita food consumption »
ROSE D.P., BOYAR A.P., WYNDER E. L.

Cancer Res 1989 Jul 15 ; 49 (14) : 4020-3
« Consumption of fermented milk products and cancer : a case-control study in the Netherlands »
VAN'T VEER P, HERMUS R.J.,...

Int J Cancer 1989 Nov 15 ; 44 (5) : 770-6
« A case-control study of diet and breast cancer in Argentina »
ISOVICH J.M., KALDOR J.M.,...

Eur J Clin Nutr 1993 Sept ; 47 Suppl 1 : S25-34
« Changes in diet and mortality from selected cancers in southern Mediterranean countries, 1960-1989 »
SERRA-MAJEM L., SALLERAS L.,...

Int J Cancer 1995 Sep 27 ; 63 (1) : 13-7
« Dietary fat and the risk of breast cancer : a prospective study of 25,892 norwegian women »
GAARD M., TRETLI S., LOKEN E.B.

Br J Cancer 1996 Mar ; 73 (5) : 687-91
« Intake of diary products and the risk of breast cancer »
KNEKT P., AROMAA A.,...

Cancer Res 1979 Sep ; 39 (9) : 3628-37
« Breast cancer mortality and diet in the United States »
GASKILL S.P., STERN M.P.,...

Cancer Res 1981 Sep ; 41 (9 Pt 2) : 3685-90
« Epidemiological correlations between diet and cancer frequency »
CORREA P.

Br J Cancer 1984 Jun ; 49 (6) : 723-9
« Social factors, diet and breast cancer in a northern italian population »
TALAMINI R., Tognoni G.,...

Oncology 1986 ; 43 (2) : 116-26
« Environmental factors and cancer mortality in Italy : correlational exercise »
DECARLI A., LA VECCHIA C.

J Natr Cancer Inst 1986 Sep ; 77 (3) : 633-6
« Consumption of diary produce and alcohol in a case-control study of breast cancer »
LE M.G., KRAMAR A.,...

J Clin Epidemiol 1999 May ; 52 (5) : 429-39
« Diet and the risk of breast cancer in a case-control study : does the threat of disease have an influence on recall bias ? »
MANNISTO S., UUSITUPA M.,...

Nutr Cancer 1995 ; 24 (2) : 99-109
« The effect of dietary fermented milk products and lactic acid bacteria on the initiation and promotion stages of mammary carcinogenesis »
RICE L.J., Locniskar M.F.,...

Br J Cancer 1993 Sep ; 68 (3) : 627-36
« A meta-analysis of studies of dietary fat and breast cancer risk. »
BOYD N.F., TRICHLER D.L.,...

Breast Cancer Res Treat 1997 Feb ; 42 (3) : 243-51
« Diet and premenopausal bilateral breast cancer : a case-control study »
WITTE J.S., Haile R.W.,...

Am J Clin Nutr 1997Aug ; 66 (2) : 398-405
« Effects of garlic thioallyl derivates on growth, glutatione concentration and polyamine formation of human prostate carcinoma cells in culture »
PINTO J.T., HESTON W.D.,...

**Le lait et les pathologies vasculaires**

Circulation 1995 ; 91 (4) : 1161-1174
« Hyperhomocysteinemia-induced vascular damage in the minipig »
ROLLAND P.H., GARÇON D.,...

Matrix Biol 1998 Dec ; 17 (8-9) : 559-74
« Hyperhomocysteinemia induces elastolysis in minipig arteries : structural consequences, arterial site specifity and effect of captopril-hydrochlorothiazide »
CHARPIOT P, BESCOND A.,...

J Nutr 1995 Dec; 125 (12): 3011-9
« Alterations of methionine fluxes and incorporation in intestines of miniature pigs fed a diet high in caseinate are restricted by angiotensin-converting enzyme inhibitor »
JOURDHEUIL-RAHMANI D., ROLLAND P.H.,...

Matrix Biol 1997 Mar; 15 (7): 455-67
« Medial elastic structure alterations in atherosclerotic arteries in minipigs: plaque proximity and arterial site specifity »
AUGIER T., CHARPIOT P.,...

Arterioscler Thromb 1993 Aug; 13 (8): 1125-38
« ACE inhibition with perindopril and atherogenesis-induced structural and functional changes in minipig arteries »
CHARPIOT P., ROLLAND P.H.,...

J Am Coll Cardiol 1999Jul; 34 (1): 274-9
« Effects of folate supplementation in hyperhomocysteinemic pigs »
AMBROSI P., LUCCIONI R.,...

JAMA 1999 May 19; 281 (19) 1817-21
« Homocysteine and risk of cardiovascular disease among postmenopausal women »
RIDKER P.M., MANSON J.E.,...

Biosci Biotechnol Biochem 1997 Mar; 61 (3): 514-9
« Comparison between dietary soybean protein and casein of the inhibiting effect on atherogenesis in the thoracic aorta of hypercholesterolemic (ExHC) rats treated with experimental hypervitamin D »
SAKONO M, FUKUYAMA T.,...

Eur J Epidemiol 1999 Jul; 15 (6): 507-15
« Food intake patterns and 25-year mortality from coronary heart disease; cross-cultural correlations in the seven countries study »
The Seven Countries Study Research Group.

Altern Med Rev 1998 Aug; 3 (4): 281-94
« Milk and other dietary influences on coronary heart disease »
GRANT W.B.

J Med Esth et Chir Derm1997Mars; 24 (93): 13-18.
« Importance de la glycation des protéines au cours du vieillissement »
STERNBERG M., PEYROUX J.,...

# Annexe

Nous allons envisager dans ces quelques pages des notions importantes concernant les trois catégories de macronutriments (protides, lipides, glucides), notions que probablement beaucoup d'entre vous connaissent déjà, mais qui sont d'une telle importance qu'une répétition ne peut qu'être bénéfique. Les inclure dans les pages précédentes n'eût pas permis de développer suffisamment ces informations, tout en surchargeant le texte.

## La notion de protéine de référence Réhabilitation des protéines végétales

Il est habituel de dire et de répéter que les protéines animales sont bien supérieures, sur le plan alimentaire, aux protéines végétales. Qu'en penser?
Une protéine est un ensemble d'acides aminés agencés dans une configuration tridimensionnelle de volume, de forme et de poids très variable. Il existe une vingtaine d'acides aminés, certains peuvent être synthétisés en quantité suffisante par l'organisme, d'autres ne peuvent pas l'être: ils sont dits «essentiels», ou «indispensables», et sont au nombre de huit, neuf chez le nourrisson. À partir d'une protéine, il est envisageable d'obtenir les acides aminés constitutifs et de les quantifier, on obtient ainsi un chiffre de mesure pondérale pour chaque aminoacide et on peut donc établir un profil protéique lorsqu'on dispose des vingt mesures. Il devient alors possible de comparer les protéines entre elles, encore faut-il ne pas perdre de vue que l'on ne compare qu'un aspect quantitatif et primaire de ces complexes ensembles vivants.
Une protéine alimentaire est dite meilleure qu'une autre lorsque la proportion d'acides aminés indispensables dans la masse totale d'acides aminés est plus élevée, et qu'est établi un équilibre relatif entre les acides aminés indispensables. C'est ainsi, donc sur un critère en partie qualitatif et en partie quantitatif, qu'a été établi un classement des protéines avec la protéine de l'œuf comme référence puisqu'elle contient 50% d'acides aminés indispensables, puis la viande de bœuf avec 45%, 40% pour le soja et 30% pour la farine blanche de blé. Sans doute au départ s'agissait-il, comme souvent, d'une hypothèse de travail plutôt judicieuse. Mais c'est devenu un dogme quasiment intouchable dans une société où peu à peu, les comportements sociaux et alimentaires évoluaient, et où manger des produits animaux devenait synonyme de réussite sociale.

Globalement, dans cette optique, il est clair que les protéines végétales vont vers une relative pauvreté et que les protéines animales vont plutôt vers la pléthore. La confusion vient du fait que la tendance vers le moins a été considérée négative alors que celle vers le plus était positivée. Or, la réalité est beaucoup plus nuancée : l'excès est aussi nuisible que la carence, il faut tendre vers l'apport juste, adéquat. La composition très modulée des différents laits dans la nature est à ce point de vue une extraordinaire leçon de choses. Ce qui importe avant tout, c'est l'apport idéal d'acides aminés en quantité et en proportions relatives. Les protéines ont des fonctions précises, et il existe une relation entre leur structure, même primaire, et leur fonction. Si bien que la notion même de protéine de référence n'a qu'un sens très relatif si on ne fixe pas un objectif, une fonctionnalité. Pour faire un poussin mature, la protéine de l'œuf est la meilleure ; pour l'alimentation humaine, on peut se permettre d'en douter, et il est probable que la protéine la plus adaptée est celle du lait de femme, même si les besoins de l'adulte ne sont pas les mêmes. C'est pourquoi les profils protéiques des protéines de l'œuf, du lait humain et du lait de vache sont si différents (celui de l'œuf est assez proche de celui du lait de femme), comme on peut s'en rendre compte avec l'histogramme composé que voici :

Le lait humain est « carencé » en méthionine en particulier, ce qui n'est sans doute pas un défaut au vu des méfaits observés sur le plan cardiovasculaire et fortement suspectés dans le cadre des processus cancéreux.
À l'inverse, le déficit relatif en ce même acide aminé des protéines du soja semble un point fort expliquant les bienfaits de cette graine. On peut même se demander si, finalement, on n'améliorerait pas le lait de vache de façon importante en enlevant une bonne partie de la méthionine. Nous ne sommes plus à un trafic près !
Si, au vu de ces notions, on essaye de reconstituer une alimentation protéique dont le profil serait globalement assez proche de celui du lait de femme, on se rend compte qu'il est nécessaire de redonner une place importante aux protéines végétales (« carencées » en méthionine et lysine en particulier), et que dans ce cadre, un peu de produits animaux trouve naturellement sa place, y compris un peu de produits laitiers. Un excès de produits animaux éloigne d'autant plus du profil du lait humain qu'il est quantitativement important. L'épidémiologie globale permet de constater que les alimentations de ce type, si elles sont suffisantes en quantité bien sûr, sont beaucoup moins source de maladies. Par contre, cela remet en cause la sacro-sainte notion de protéine de référence et la suprématie des protéines animales. La notion de référence modulée par rapport à une fonctionnalité ou un objectif est tout aussi rationnelle, et mieux adaptée à nos connaissances d'aujourd'hui.

Pour améliorer la digestibilité et la biodisponibilité des protéines végétales, il suffit par ailleurs de faire tremper les graines 12 à 24 heures afin de les « réveiller ». Si elle est complète, la graine est en effet une sorte de forme de conserve qui traverse le temps en attendant de retrouver des conditions favorables pour revivre, l'eau étant une condition primordiale et suffisante à température ordinaire. Après trempage, elle est vivante (sur le plan enzymatique notamment), et nous offre tous ses nutriments, non seulement protéiques dans un profil adapté à notre physiologie, pour peu qu'on la complémente avec un peu de produits animaux ou en associant différentes graines, mais elle nous offre aussi de bons glucides et lipides, des minéraux, des vitamines et de nombreuses substances bioactives et/ou prébiotiques, tous éléments infiniment moins bien représentés dans l'environnement des protéines animales.

### Les acides gras trans

Il est habituel de différencier les acides gras (constituants majeurs des graisses ou lipides que l'on ingère) en deux grandes catégories, d'une part les acides gras saturés et d'autre part les acides gras mono- ou polyinsaturés.
Les premiers sont accusés de perturber gravement les circuits métaboliques de notre organisme, non seulement en augmentant le « mauvais cholestérol », déterminant ainsi des troubles cardiovasculaires, mais aussi en initiant des troubles inflammatoires et en modifiant la qualité des membranes cellulaires. Il s'agit essentiellement des graisses animales, hormis celles des poissons et de certaines huiles végétales solides à température ambiante.
Les acides gras mono- et polyinsaturés sont eux fort utiles pour notre bon fonctionnement à la condition formelle d'être dans leur configuration biologique dite « cis ». De quoi s'agit-il ?
Le propre de ces acides gras est que un (mono) ou plusieurs (poly) atomes de carbone de la chaîne constitutive restent en partie libres, ce qui leur confère leurs qualités comportementales. Au niveau de ce carbone, il existe normalement une double liaison dans une configuration spatiale particulière dite « cis », mais suite à divers événements, cette double liaison peut prendre une autre configuration, symétrique spatialement, dite « trans » et qui donne à ce nouveau composé un comportement totalement différent et très nocif pour nos métabolismes.
Ces acides gras trans sont totalement absents du lait maternel et peu présents dans la nature, hormis dans le lait des ruminants, en particulier des vaches. La flore ruminale a, en effet, un grand pouvoir de rendre trans des acides gras cis, l'acide oléique devient ainsi l'acide élaïdique, perdant au passage tous ses bienfaits et acquérant même un pouvoir négatif, de même pour les acides gras polyinsaturés. Cela a été bien étudié, car on a espéré améliorer la « tartinabilité » [*sic*] du beurre

**Graphique comparatif des acides aminés constitutifs des protéines du lait de femme, de l'œuf et du lait de vache**

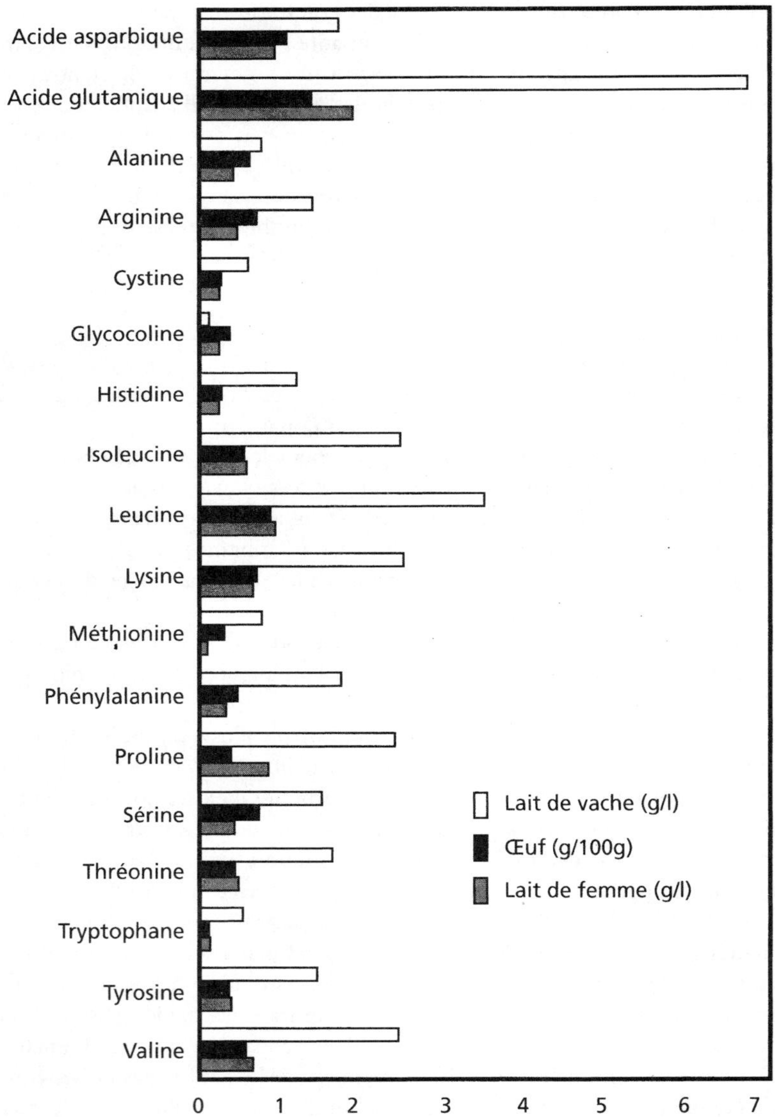

en ajoutant des acides gras polyinsaturés à la ration des vaches, escomptant ainsi rendre le beurre plus mou à 5 °C, température du réfrigérateur. Mais l'action du rumen n'a pas permis d'utiliser cela. Les produits laitiers de vache sont donc une source notable d'acides gras trans.

Une autre source majeure, et souvent passée sous silence, de ces composés trans, se trouve dans les corps gras fabriqués par l'homme, qu'il s'agisse de nombreuses margarines ou des huiles dites raffinées. Pour les margarines, il faut donc les choisir avec la mention « huile non hydrogénée ». Profitez donc du changement pour essayer d'avoir, de plus, des produits biologiques et riches en acides de la série oméga 3. Pour les huiles, ne pas consommer d'huile dite « raffinée », les huiles de première pression à froid sont les seules à vous garantir l'absence de composés trans. Elles sont certes plus onéreuses, mais le prix est justifié par le mode de préparation.

Ces notions sont maintenant bien établies et reconnues par tous.

### La notion d'index glycémique

En France, on compte à peu près un million et demi de diabète de type 2 [1]. Après dix ans d'évolution, on observe l'apparition de complications graves dans 45 % des cas. Le coût financier annuel, en France, du diabète de type 2 est d'environ 35 milliards de francs. Dans le monde, 120 millions de cas ont été recensés en 1999 ; l'Organisation mondiale de la santé en prévoit 213 millions en 2010. C'est dire l'importance du bon choix des sucres que l'on ingère.

Pendant longtemps, il a été pratique et habituel de différencier les sucres (ou glucides) en deux grandes catégories : les sucres rapides et les sucres lents. Les premiers faisaient rapidement monter la glycémie, sollicitant ainsi fortement les systèmes de régulation (pancréas notamment). On y classait les sucres au sens habituel du terme et toutes les sucreries. Les seconds réalisaient des apports plus doux dans le temps et donc épargnaient le même système de régulation ; on y classait les céréales, les légumineuses et les fruits. Subsistait un flou dans une zone intermédiaire : par exemple que faire des céréales blanches ? Par ailleurs, cela ne permettait pas vraiment de bien comparer les produits alimentaires entre eux de façon précise.

La notion d'index glycémique représente une avancée notable en ce sens qu'elle permet cette classification précise des aliments glucidiques selon leur incidence sur notre métabolisme, au moins, en tout cas, sur la glycémie et la sécrétion d'insuline.

1. Diabète dit « de la cinquantaine », se déclarant en général à cet âge, notamment chez certaines personnes ayant un excès de poids.

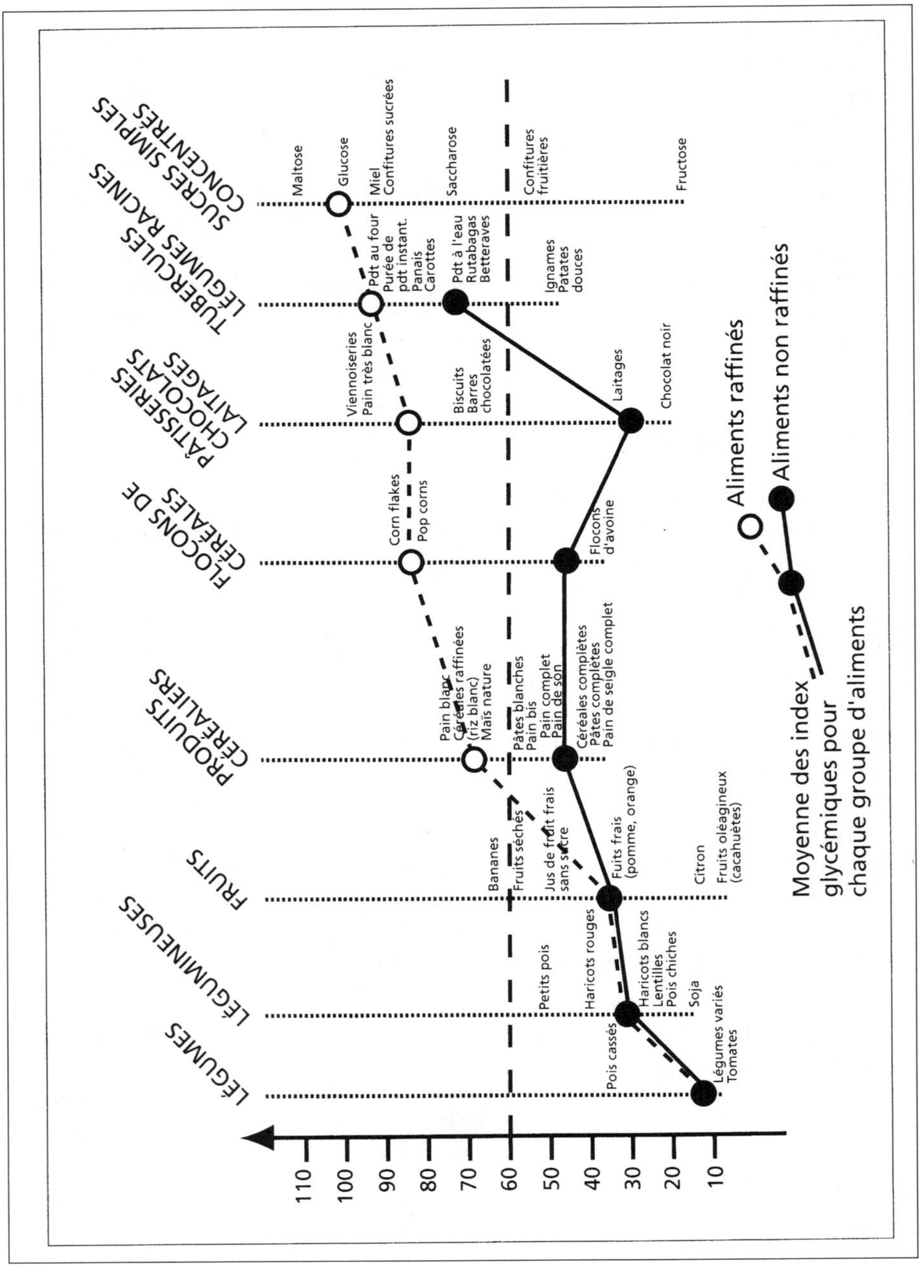

110
100
90
80
70
60
50
40
30
20
10
LÉGUMES
LÉGUMINEUSES
FRUITS
PRODUITS CÉRÉALIERS
FLOCONS DE CÉRÉALES
PÂTISSERIES CHOCOLATS LAITAGES
TUBERCULES LÉGUMES RACINES
SUCRES SIMPLES CONCENTRÉS
Légumes variés
Tomates
Pois cassés
Petits pois
Haricots rouges
Haricots blancs
Lentilles
Pois chiches
Soja
Bananes
Fruits séchés
Jus de fruit frais sans sucre
Fuits frais (pomme, orange)
Citron
Fruits oléagineux (cacahuètes)
Pain blanc
Céréales raffinées (riz blanc)
Maïs nature
Pâtes blanches
Pain bis
Pain complet
Pain de son
Céréales complètes
Pâtes complètes
Pain de seigle complet
Corn flakes
Pop corns
Flocons d'avoine
Viennoiseries
Pain très blanc
Biscuits
Barres chocolatées
Laitages
Chocolat noir
Pdt au four
Purée de pdt instant.
Panais
Carottes
Pdt à l'eau
Rutabagas
Betteraves
Ignames
Patates douces
Maltose
Glucose
Miel
Confitures sucrées
Saccharose
Confitures fruitières
Fructose
Aliments raffinés
Aliments non raffinés
Moyenne des index glycémiques pour chaque groupe d'aliments

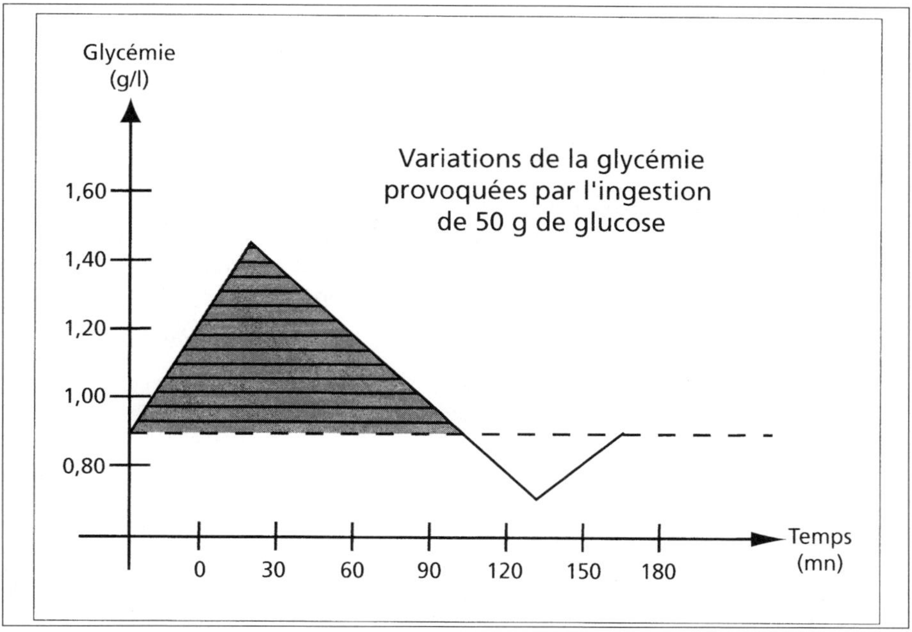


Lors de l'ingestion de 50 grammes d'un aliment, la glycémie varie comme indiqué sur le schéma ci-dessus, la hauteur et la durée du pic de variation définit un triangle (hachuré sur le schéma) variable selon l'aliment considéré. Par convention, l'index du glucose est de 100 et sert de base de comparaison pour tous les aliments.

Index glycémique d'un aliment:
= surface du triangle résultant de l'ingestion de 50 g de cet aliment x 100
surface du triangle résultant de l'ingestion de 50 g de glucose

Tous les produits dont l'index est supérieur à 60 emballent le système de régulation de la glycémie, d'autant plus que l'index est plus élevé et sont donc source de phénomènes préjudiciables pour la santé: hypoglycémies (manque de sucre au niveau sanguin entraînant des « coups de pompe » fréquents) et résistance cellulaire à l'action de l'insuline responsable de surpoids et de diabète, mais aussi de perturbations du métabolisme des graisses et de troubles cardiovasculaires. À l'inverse, les aliments dont l'index est inférieur à 60 ne fatiguent pas les systèmes de régulation glycémique; plus l'index est bas moins ils sont sollicités.
Le tableau ci-contre donne l'index glycémique des principaux aliments.

Si vous désirez communiquer aux auteurs des informations, des recettes, leur faire part de vos difficultés ou de vos expériences ou être tenus au courant de leurs activités (cours, stages) vous pouvez les contacter facilement par courrier électronique à l'adresse suivante :

soyonsmoinslait@wanadoo.fr

LOUIS-JEAN
avenue d'Embrun, 05003 Gap cedex – Tél. : 04 92 53 17 00
Dépôt légal : 383 — Mai 2002